「建築設備と配管工事」別冊

シリーズ：「よく解る配管用転造ねじ・地震に強い接合」

JN253868

- ①第1回　転造ねじとは／転造ねじ普及研究会　正村克身……………………………………… 2
- ②第2回　転造ねじの特長(1)＜転造ねじの強度＞／転造ねじ普及研究会　宮田志郎………… 7
- ③第3回　転造ねじの特長(2)＜転造ねじの耐久性、耐食性、環境性＞
　　　　／転造ねじ普及研究会　宮田志郎………………………………………………………… 11
- ④第4回　ねじの歴史／転造ねじ普及研究会　岸川浩史・竹岡克司・井出浩司……………… 14
- ⑤第5回　配管施工者から見た転造ねじ＜施工者へのアンケート調査結果から＞
　　　　／転造ねじ普及研究会　飯田　徹………………………………………………………… 18
- ⑥第6回　コストスタディ／転造ねじ普及研究会　井上正親・竹岡克司・山本　健・村上壽之… 26
- ⑦第7回　転造ねじの加工と施工要領／転造ねじ普及研究会　竹岡克司……………………… 31
- ⑧第8回　転造ねじを使いやすくするシール付き継手／転造ねじ普及研究会　大橋一善…… 36
- ⑨第9回　大震災と転造ねじの公共建築標準仕様化及び採用事例について
　　　　／転造ねじ普及研究会　井出浩司・大西規夫…………………………………………… 39
- ⑩第10回　「よく解る配管用転造ねじシリーズ」を終えるにあたって
　　　　／転造ねじ普及研究会　松島俊久………………………………………………………… 46

■コラム
- ①ねじ加工工具と加工機の変遷　　　　　　　／転造ねじ普及研究会　大西規夫 ………… 48
- ②プレハブの実態　　　　　　　　　　　　　／転造ねじ普及研究会　井上正親 ………… 49
- ③転造加工におけるパイプ内径の縮径による影響　／転造ねじ普及研究会　竹岡克司 ………… 50
- ④鋼管について　　　　　　　　　　　　　　／転造ねじ普及研究会　岸川浩史 ………… 51
- ⑤管継手について　　　　　　　　　　　　　／転造ねじ普及研究会　大橋一善 ………… 52
- ⑥転造ねじ専用シール剤の基本　　　　　　　／転造ねじ普及研究会　北田寿美 ………… 53
- ⑦ねじ締込みの基本　　　　　　　　　　　　／転造ねじ普及研究会　中田　積 ………… 54
- ⑧ねじのかじりについて　　　　　　　　　　／転造ねじ普及研究会　木村　功 ………… 55
- ⑨残りねじ山管理の問題　　　　　　　　　　／転造ねじ普及研究会　中田　積 ………… 56

[シリーズ：よく解る配管用転造ねじ・地震に強い接合①]
第1回　転造ねじとは

転造ねじ普及研究会　正村　克身
Katsumi Masamura

1．はじめに

1995年の阪神・淡路大震災以降の大きな地震災害において水道、ガス、排水、消火、空調設備、プラント設備などの配管が損傷を受けた[1]〜[3]。写真1に東日本大震災で損傷を受けたねじ接合継手部を示す。大口径から分岐した枝管に大きな地震力が加わり破断したものと推定される。これらの経験に基づいて各種の対策が検討されてきた。配管に関しては、耐震振れ止め支持の対策とあわせて継手の耐震性強化が重要であると認識されてきている[4][5]。継手の接合強度を高めるひとつの手段として転造ねじの採用が挙げられる。

写真1　震災で破損した配管の継手部

転造ねじの耐震性の良さについては理解が浸透しているものの、その普及はまだ十分ではなく、普及促進を目的に2009年9月に、総合建築会社、設備施工会社、継手製造者、鋼管製造者など業界を超えた「転造ねじ普及研究会」が発足した。本シリーズでは転造ねじの特性、課題など4年間に及ぶ転造ねじ普及研究会の活動の成果を中心に分かりやすく配管用転造ねじに関する紹介を連載する。

以下に本シリーズの掲載予定の題目を示す。
＜よく解る転造ねじシリーズ＞
第1回　転造ねじとは
第2回　転造ねじの特長1
第3回　転造ねじの特長2
第4回　転造ねじの変遷
第5回　転造ねじの実態調査
第6回　転造ねじは本当に高いのか
第7回　転造ねじ加工と施工要領
第8回　転造ねじを使いやすくする
　　　　シール付き継手
第9回　転造ねじの採用事例

2．配管システム（管と継手）

配管システムは気体や液体など輸送する目的で使用され、管類とそれを接続する継手や機器類から構成されている。建築設備においては、給水配管、給湯配管、空調配管、消火配管、排水管などがある。

使用される管類は、鋼管、ステンレス鋼鋼管、鋳鉄管、樹脂管などが代表的なものである。本シリーズでは鋼管の接合に使用されるねじ込み式継手に適用する転造ねじの紹介をする。

鋼管はJIS G 3452「配管用炭素鋼鋼管」に規定されるSGPとJIS G 3454「圧力配管用炭素鋼鋼管」に規定されるSTPGが主な材料であり、

管の表面が製造のままの黒管と亜鉛めっきを施した白管がある。また腐食を防ぐために内面や外面を樹脂で被覆した防食管も使用される。

管を接続する継手は配管の種類に応じてさまざまな種類があり、その形状と接続方法によって分類される。鋼管の接続方法による分類を第1表に示す。これらは配管の用途、口径などによって使い分けられる。ねじ込み式は100A以下の配管においてよく使われる方式である。本シリーズで取り扱う転造ねじは、ねじ込み方式で使用する管側のおねじの加工方法のひとつである。

第2表 JISに規定される配管用管継手

JIS B 2301	ねじ込み式可鍛鋳鉄製継手
JIS B 2302	ねじ込み式鋼管継手
JIS B 2303	ねじ込み式排水管継手
JIS B 2311	一般配管用鋼製突合せ溶接式継手
JIS B 2312	配管用鋼製突合せ溶接式継手
JIS B 2316	配管用鋼製差込み溶接式継手
JIS B 2220	鋼製管フランジ
JIS B 2239	鋳鉄製管フランジ

第1表 管の接続形式の分類

名称	定義	継手の例
ねじ込み式	管用ねじで接続する接合方式。ソケット（右図上）、チーズ（右図右）、ベンド（右図左下）、エルボ（右図左）などがある。	
溶接式	溶接による接続。突合せ式と差込溶接式があり、継手の形状としてはエルボ、チーズ、レデューサなどがある。	
フランジ式	管フランジをボルトおよびナットで接続する接合方式。	
その他	メカニカル継手、ハウジング接続、フレア継手など（右図はハウジング継手の例）。	

3．継手の種類と規格

第2表にJISに規定される鋼管用のねじ込み式継手、溶接式継手とフランジを示す。建築設備に使用されるねじ込み式の継手はJIS B 2301およびJIS B 2302に規定される「ねじ込み式可鍛鋳鉄製継手」および「ねじ込み式鋼管継手」である。JIS G 3452（SGP）を使用した排水管用継手はJIS B 2303「ねじ込み式排水継手」が規定されている。

4．ねじ形状（テーパねじと平行ねじ）

ねじ形状としてはJIS B 0202管用平行ねじとJIS B 0203管用テーパねじの2種類が規定されている。建築設備の配管で使用されるねじは管用テーパねじである。平行ねじは機械的な接合を目的としたねじであり流体に対する耐密性がないので配管には使用されない。平行ねじとテーパねじの形状を第1図に示す。平行ねじはねじが管軸に対して平行であるのに対してテーパねじは0.5/16の傾きを持っており、締め込むにしたがっておねじとめねじの噛み合わせが強くなり耐密性が保たれる。

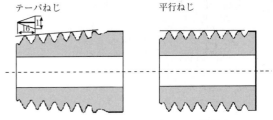

第1図 テーパねじと平行ねじの模式図

5．おねじの加工方法
　　（切削加工と転造加工）

おねじの加工方法は2通りあり、一方は現在、主流である旋盤などを使用して行う切削加工、他方はダイスを使用して行う転造加工である。

転造加工とは、塑性加工の一つで、転造ローラ（転造ダイス）と呼ばれる工具を押し付けて管表面を変形させることにより、ねじを成形する。市販のボルト等の工場加工では一般的な技術である。ボルトの場合、中実の素材に平行ねじを加工し、転造ローラは、外周がねじの形をした複数の円筒形状からなり、2個または3個を1セットとして用いる。寸法の異なるねじに対してはそれぞれ専用の転造ローラを用意する必要がある。加工後の素材のねじ形状はローラの形状に依存し、転造加工は通常は冷間（常温）で行う。切削を伴わないので切粉が排出されず、油の使用量も少ないのが特徴である。

鋼管のねじを加工する場合は、ボルトと異なり中空の素材を扱い、また形状もテーパねじとなるために転造ローラの形状や個数および加工速度などに工夫をし、配管用の加工機では6個の転造ローラを使用する場合もある。配管用の転造ローラの形状を写真2に転造ねじ加工機の転造ローラの配置と加工機の概観を第2図に示す。

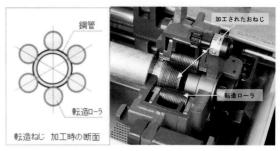

第2図　転造ねじ加工機と転造ローラの配置

6．配管用転造ねじ

配管用転造ねじは1972年新幹線に採用され、1986年に定置型の転造ねじ加工機が販売され、鉄道車両用に使用されてきた。さらに1996年に建築・配管設備用の転造ねじ加工機が市販され、建築設備分野においても転造ねじが使われ始めた。

転造ねじは切削を行わないので、ねじ部の肉厚の減少が少ない。また、加工部が加工により硬化するためにねじ部の強度が高くなる。このため、ねじの接合強度が高くなる。切削ねじと転造ねじのねじ部の断面形状を写真3示す。切削加工では外面側を削り取ってねじを形成するため、ねじ先端になるほど肉厚が減少する。一方、転造加工では塑性加工でねじを形成するので板厚の減少は少なくねじ先端でも肉厚は厚く保たれる。また、転造ローラの表面が転写するため旋盤加工の切削ジグの劣化の影響がなく加工個数が増えても表面が平滑に保たれる。

管の接合に使用するねじ込み式継手は、転造ねじにおいても切削ねじに使用する継手がそのまま使用できる。

加工方法が異なるために、転造ねじは切削ねじと比較すると仕上がりのねじの山数が異なり、

写真2　鋼管の転造ねじ加工に使用するダイスの形状

鋳鉄や硬度の高い素材は、伸び率が低く、転造には向かない。

写真3　転造ねじと切削ねじの断面形状

ねじ部の形状もJISの許容差範囲内ではあるが若干異なる。このことにより、施工管理、シール材の適用に関して切削ねじとは異なる配慮が必要である。

7．配管用転造ねじの特長

転造ねじは切削ねじと比較して次の特長を有している。
① 切削ねじに比べねじ谷部の厚みが大きい。
② 切削ねじに比べ引張強さは高く、管とほぼ同等。
③ 切削ねじに比べ曲げ強さが高く、突合せ溶接と同等。
④ 使用する継手は切削ねじと同じものが使用できる。
⑤ 亜鉛めっき管に転造加工したねじ表面には、めっき層が残存しており、ねじ接合後の継手からはみ出した余ねじ部がさびにくい。
⑥ ねじ加工時の切粉の発生および油の使用量も少ないので作業環境が改善されるうえに廃棄物も少なくなる。

また、適用される管材は次のとおりである。
① 空調設備
　　配管用炭素鋼管SGP（JIS G3452）
② 消火配管
　　配管用炭素鋼管SGP（JIS G3452）
　　消火用硬質塩化ビニル外面被覆鋼管VS（WSP041）
③ 給水配管
　　水道用ポリエチレン粉体ライニング鋼管（JWWA K132）
④ ガス用配管
　　配管用炭素鋼管SGP（JIS G3452）
　　外面ポリエチレン被覆鋼管（JIS G3469）

8．転造ねじに関する最近の動向

平成13年版機械設備工事監理指針に転造ねじの使用が記載された。このときは、防食管は適用の対象外であったが、平成22年版の公共建築工事標準仕様書（機械設備工事編）においてポリエチレン粉体ライニング管（ポリ粉体鋼管）に転造ねじを使用することが可能となった。平成25年度版の公共建築工事標準仕様書（機械設備工事編）には、

「第2編　第2章　第3節
　2.3.1(e)なお、塩ビライニング鋼管等の防食措置を施した配管と管端防食継手の接続部は、切削ねじとする。ただし、呼び径50A以下のポリ粉体鋼管は、転造ねじ接合としてもよい。」

と記載されている。写真4にポリエチレン粉体ライニング鋼管に転造ねじ加工を行った例を示す。ライニング層は転造ねじ加工による変形によっても剥離することはない。また、転造ねじ加工によって内径が小さくなるが、ポリエチレン粉体鋼管のライニング層は薄いために、既存の管端防食継手がそのまま使用できる。

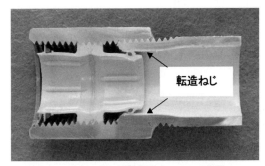

写真4　ポリエチレン粉体ラインニング鋼管への転造ねじの適用

また建築設備の耐震設計施工法[6]においても消火設備の50A以下の配管が耐震措置の対象となった。同時に「消火設備配管などの耐震基準に関する基本的事項」が新規で追加されて50A以下の小口径管は転造ねじ継手接合、大口径管は溶接接合とすることが記載されている。

液化石油ガス分野においても転造ねじの適用が検討され経済産業省のLP保安技術者向けWebサイトにおいて転造ねじの紹介が行われている[7]。

このような基準の整備に伴い、地方自治体の

標準仕様書にも転造ねじ使用が規定され普及が拡大している。

<参考文献>
(1) "東日本大震災による設備機器被害状況報告",(一社)東北空調衛生工業協会(2012)
(2) "東日本大震災を踏まえた高圧ガス施設等の地震・津波対策について",総合資源エネルギー調査会高圧ガス及び火薬類保安分科会高圧ガス部会(2012)
(3) "2011.3.11 東日本大震災による設備機器被害状況報告",東日本大震災による設備機器被害状況報告(2011)
(4) 木内俊明・他:"消火設備配管等の耐震基準に関する基本的事項等の研究報告",空気調和・衛生工学会平成22年度大会,C-19
(5) 木村貴之・他:"地震時のスプリンクラー設備の挙動とその損傷に関する研究",空気調和・衛生工学会平成22年度大会,C-20
(6) "新版 建築設備の耐震設計 施工法",(社)空気調和・衛生工学会(2012)
(7) 経済産業省:LP保安技術者向けWebサイト
URL:http://www.lpgpro.go.jp/

―【筆者紹介】―

正村克身
転造ねじ普及研究会
JFEスチール㈱ 鋼管セクター部
〒100-0011 東京都千代田区内幸町2-2-3
TEL:03-3597-3410 FAX:03-3597-4180
E-Mail:k-masamura@jfe-steel.co.jp

[シリーズ：よく解る配管用転造ねじ・地震に強い接合②]
第2回　転造ねじの特長(1)
＜転造ねじの強度＞

転造ねじ普及研究会　宮田　志郎
Shirou Miyata

1．はじめに
よく解る転造ねじシリーズ、第2回の今回は、転造ねじの特長(1)として、転造ねじの強度について紹介する。

第1回でも解説したように、転造ねじの最大の特長はねじの接合部の高い強度であり、"転造ねじ配管は地震に強い"といわれる所以でもある。今回は、転造ねじの接合部の強度データなどを、切削ねじ接合と比較して紹介する。

2．転造ねじはなぜ強度が高いのか
2-1　切削ねじの弱点
ねじ接合といえば、鋼管をチェーザという刃により切削してねじ山を形成する「切削ねじ」が一般的であった。鋼管を螺旋状に切削するという加工方法のため、ねじ山の谷の部分の管厚が薄くなる。特に管用ねじの分野で一般的なJIS B 0203の管用テーパねじを形成した場合、ねじ山自体にテーパがあるため、端部に行くほどねじ谷部の管厚が薄くなる。

このため、配管の接合部に引張、曲げなどの荷重が加わる場合、ねじの谷の部分を基点としてねじの折損、破断が生じやすいという欠点がある。

2-2　転造ねじの強度
上述の切削ねじの弱点を解消するために、強度が高くかつ経済的な配管の接合方法として、管用転造ねじが開発された。

転造ねじは、ねじ山の形が予め形成された転造ローラを鋼管に押し当てることにより鋼管を塑性変形（型押し）させてねじ山を形成する工法である。ねじを切削しないでねじ山を形成するので、鋼管の内径が絞られて若干縮径する。

これにより、同じテーパ雄ねじを形成しても、ねじの谷の部分の管厚が切削ねじと比較して薄くならない。これは、ねじの断面写真（写真1）を見れば一目瞭然である。

転造ねじの強度は、このねじの谷部の管厚が減らないことに加え、鋼が塑性変形により加工硬化を起こすので、さらにねじ山の強度が高まる効果もある。

第1図に転造ねじ及び切削ねじ加工後のねじ山のビッカース硬さを測定した結果を示す。転造ねじ加工後のねじ山の方が全般に硬さが平均で7%ほど大きいことが分かる。

以上のように、転造ローラによる塑性加工により形成した転造ねじによる接合は
・ねじ谷部の管厚が維持されることで管自

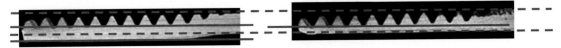

写真1　ねじ断面比較（転造ねじと切削ねじ）

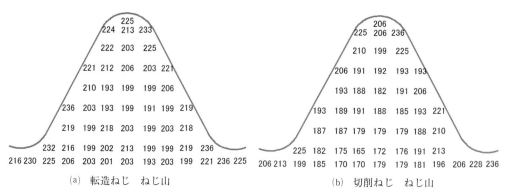

(a) 転造ねじ　ねじ山　　　　　　　　(b) 切削ねじ　ねじ山

第1図　ねじ山部分のビッカース硬さ

試験荷重　HB（100）　供試材　SGP（鍛接鋼管）25A。
ねじ山の各部位の測定値を図中に示した（鍛接鋼管（ねじ部以外）の硬さはHV 140～150）。

体の強度を損なわない
- ねじ山が塑性変形を受けることで加工硬化し強度が増す

の二つの効果を受けることで、切削ねじ接合よりも引張、曲げともに高い強度を有するというメリットがある。

3．転造ねじ接合部の強度

転造ねじ接合部の強度は、実際にどれ位強いのか？試験データを基に説明する。

まず、転造ねじ接合部に引張、曲げ荷重を加えたときの状態を写真2に示す。比較として用いているのは切削ねじ接合である。

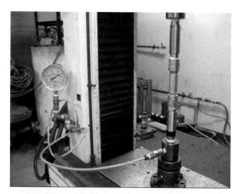

転造ねじ：25A

管の方が破断

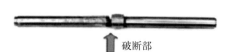

切削ねじ：25A

(a) 引張試験

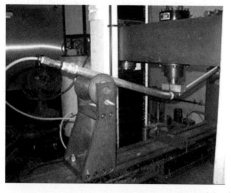

転造ねじ：25A

破断部

切削ねじ：25A

(b) 曲げ試験

写真2　ねじ接合部の引張試験、曲げ試験時の状態

引張試験では、切削ねじは接合部で破断しているのに対し、転造ねじはねじ接合部ではなく直管部が破断するという結果になっている。即ち、この試験では元の管の強さよりも転造ねじ接合部の強さの方が強いという結果で、転造ねじ接合部の引張強さを示している。一方、曲げ荷重試験では、切削ねじは接合部で折損してしまうのに対し、転造ねじは接合部が曲げにより破断することはなく、直管部のほうが先に曲がる結果となった。このように、曲げ荷重に対しても転造ねじ接合部の強さは切削ねじと比較して高いことが分かる。

次に、転造ねじと切削ねじで接合部の強度を比較した結果を示す。

まず第1表には引張試験での結果を示す。

第1表 引張試験結果

ねじ種類	最大荷重時		漏れ発生時その他	
	荷重[kN]	変位量[mm]	変位量[mm]	備考
転造ねじ	97.3	122.9	137.5	管破断
	96.0	101.0	101.0	管ねじ部破断
	97.8	115.4	115.4	管ねじ部破断
切削ねじ	64.3	14.7	14.7	管ねじ部破断
	64.1	13.1	13.1	管ねじ部破断
	62.9	14.7	14.7	管ねじ部破断
<試験条件> 供試材 管：SGP（鍛接鋼管）25A 継手：ねじ込み式可鍛鋳鉄製管継手 曲げ速度：5mm/min、接続管長さ：300mm、内圧：0.1MPa				

引張試験において、転造ねじ接合部は、最大荷重も切削ねじの約1.5倍の強度があり、更に漏れが発生するまでの変位量は切削ねじよりも大きく、震災時の変位を受けても漏れにくいことが確認できた。

また、曲げ試験については、写真の条件で継手部に曲げ荷重を掛けた時の最大荷重、更に漏れなどが発生した時の最大変位について、第2表に示す。

また、上記の曲げ試験を行った時の変位量と荷重の関係を第2図に示す。

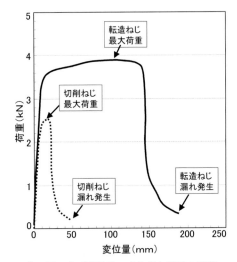

第2図 曲げ試験時の変位量と荷重の関係

転造ねじ接合部が高い曲げ荷重にも耐え、また漏れが発生するまでの変位においても、切削ねじよりも著しく耐力があり、震災時の揺れなどで漏れが発生するおそれがないことが確認できた。

4．震災に強い強靭な配管システム

このように、接合部において高い曲げ強度と引張強度を持ち、さらに漏れが発生するまでの耐変位が大きい（変形角≒14deg）ことが転造ねじ接合の最大のメリットである。このため地

第2表 曲げ試験結果

ねじ種類	最大荷重時				漏れ発生時その他		
	荷重[kN]	曲げモーメント[N·mm]	変位量[mm]	曲げ角度[°]	変位量[mm]	曲げ角度[°]	備考
転造ねじ	3.9	973	107.0	14.2	193.0	24.3	ねじズレ
切削ねじ	2.3	573	18.3	2.7	51.1	6.4	管ねじ部割れ
<試験条件>供試材　管：SGP（鍛接鋼管）25A　継手：ねじ込み式可鍛鋳鉄製管継手　曲げ速度：5mm/min、スパン：1,000mm、内圧（水圧）：1MPa							

震などにより建築設備配管に強い荷重が加わった際でも、転造ねじ接合を採用しておけば、従来の切削ねじのようにねじ部が先に折損・破断などを起こすおそれがなくなり、大きく塑性変形が生じても漏洩しにくい、非常に強靭な配管システムを構築することができる。消火設備に用いれば、いざというときに、より確実に消火機能を維持・発揮することが期待できる。また、給水配管に用いれば、災害時の貴重なライフラインである水の確保がより確実になり、また破損箇所の絶対数抑制が期待できるので、短期間での復旧が可能になる。

これらの特長から、非常に高い信頼性を持つ転造ねじは、学校、病院、官公庁などの公共施設等の配管への採用事例が多く見られるようになったが、これら重要な施設でもまだまだ転造ねじが普及していないのが実態である。

地震国日本にあって、震災時における都市機能の維持は最重要課題であり、建築設備配管の信頼性を確保することが必要になっている。そのためにも、エンドユーザーに強度および耐食性（次号以降で詳述）の高い転造ねじに対する理解を深めていくことが転造ねじ普及研究委員会の目的であり、この後のシリーズで詳しく述べられる、転造ねじ普及の妨げになっている諸課題の解決を図っていきたいと考えている。

5．おわりに

本稿では、転造ねじの特長の一つである、接合部の強度について述べた。従来の切削ねじと比較し、曲げ、引張の強度も高く、またより大きな変位を受けても漏れにくい特長を持つ転造ねじは、耐震性に優れた配管システムを構築する上で最適な管接合方法であるといえる。

転造ねじには強度以外にも色々と優れた特長があり、これらについては次号の第3回以降で順次解説していく予定である。

【筆者紹介】

宮田志郎
　転造ねじ普及研究会
　JFEスチール㈱　東日本製鉄所（京浜地区）
　商品技術部　主任部員

プリンテッドエレクトロニクスのすべて（PDF版）

注目が高まるプリンテッドエレクトロニクスの基礎・応用展開から最先端技術までの本技術のすべてを分かり易く関係研究者、技術者に提供。

■主な内容
- ●プリンテッドエレクトロニクスとは何か
- ●プリンテッドエレクトロニクスのプロセス技術
- ●プリンテッドエレクトロニクスの材料技術
- ●プリンテッドエレクトロニクスの応用展開
- ●プリンテッドエレクトロニクスの最先端技術開発

日本工業出版㈱　0120-974-250
http://www.nikko-pb.co.jp/　netsale@nikko

■著者：大阪大学　菅沼克昭　他
■体裁：PDF判　CD-R
■定価：1,500円（税込）

[シリーズ：よく解る配管用転造ねじ・地震に強い接合③]

第3回 転造ねじの特長(2)
＜転造ねじの耐久性、耐食性、環境性＞

転造ねじ普及研究会　宮田　志郎
Shirou Miyata

1. はじめに

よく解る転造ねじシリーズ、第3回の今回は、転造ねじの特長(2)として、転造ねじの耐久性、耐食性、環境性など、強度以外の特長について紹介する。

第2回[1]で紹介した様に、転造ねじは転造ローラを押し当てることによる塑性変形でねじ山を形成するため、ねじの谷部の管厚が切削ねじよりも厚くなるため、ねじ接合部の引張強度、曲げ強度が高まるだけでなく、大きな変位を受けても漏れなどの破損が無いことが大きな特長である。

一方、切削せずに塑性変形でねじ山を形成することで、強度以外にもさまざまなメリットが生まれてくる。具体的にはねじ谷部の管厚が厚くなることで、ねじ部の腐食しろが大きくなり、腐食による貫通穴発生までの期間が長くなり、ねじ部の耐久性が改善する。また亜鉛めっき鋼管に関して言えば、外面のめっきを削り取らないため、ねじ山の露出部分にめっきが残り、ねじ山部分の耐食性が改善する。更にはねじ加工時の切り屑の発生量が著しく減少するなど環境にも優しい特長も有する。

本稿では、上述のように、転造ねじ加工による強度以外のさまざまな特長について紹介する。

2. 転造ねじによるねじ部耐久性改善

従来の切削ねじは管を切削してねじ山を形成するため、ねじの谷部の管厚が薄くなり強度が低下することは前回も紹介したが、管厚が薄くなることは耐久性の低下の原因にもなる。即ち、仮にねじ部の腐食が進行した場合、ねじの谷部は最も管厚が薄く、腐食による貫通が発生しやすい。その結果、漏水やガス漏れなどのトラブルを起こす原因になる。

通常の配管はライニングや塗装、亜鉛めっきなどねじ部の防食対策を取っているが、これらの防食対策が施工上の不具合や経年劣化等、何らかの理由で損なわれて腐食が始まった場合、管厚の薄いねじ谷部が腐食により貫通し、漏水、ガス漏れ等が発生しやすい。

一方、第2回[1]で紹介したように、切削ねじのねじ谷部の管厚は40〜52％まで減少するのに対し、転造ねじは71〜90％の管厚が残るため、最も薄い部分の管厚が転造ねじのほうが約1.7倍厚くなる。均一に腐食すると仮定した場合、ねじ部で腐食が発生してから貫通に至るまでの期間が約1.7倍に延びることになり、ねじ部の耐久性改善効果は大きい。

写真1　切削ねじ谷部の腐食による貫通の例

3. ねじ部めっき残存による耐食性向上効果

切削ねじ接合を亜鉛めっき管に適用した場合、管外面のめっきを切削して削り取る。削られた部分は鉄が露出するため腐食の基点となりやすい。そのため切削ねじ接合部には防食材の塗装を行って、鉄露出部の防食を行う必要がある。

一方転造ねじは管端部のみ真円度加工のため鋼管を薄く削るが、それ以外の部分は転造ローラで塑性変形によりねじ山を形成するため、めっきが削られることなく残る。特に継手に締め込んだ後に露出する部分にはめっきが残るため、めっきが削られた切削ねじよりも耐食性が向上する。

写真2、写真3には、転造ねじ加工しためっき管(ポリエチレン粉体ライニング鋼管SGP-PB)を継手にねじ込んで、沖縄県浦添市で暴露したときの外観写真を示す。比較材は切削ねじ加工であり、ねじ部に防食シールを塗布した場合としない場合で比較した。暴露場所は沖縄県の海岸から300mの非常に厳しい腐食環境にある。

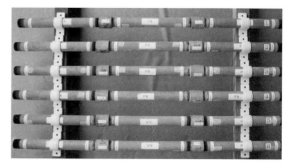

写真2　暴露状況

3.5年間暴露した後の、ねじ山露出部の腐食状況を比較した結果を写真3に示す。転造ねじは防食シールがある場合には殆ど腐食なく、防食シールが無い場合でも腐食はわずかな程度にとどまっているのに対し、切削ねじは防食シールがある場合でもねじ山にはさびが発生している。このように転造ねじにより、ねじ山露出部

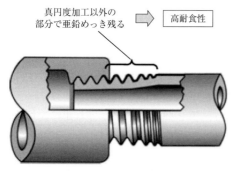

第1図　転造ねじ露出部の模式図

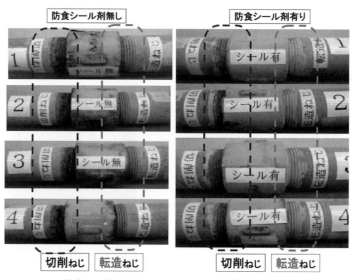

写真3　沖縄県浦添市で3.5年暴露したねじ継手部

の亜鉛めっきが残ることによる耐食性改善効果は、厳しい腐食環境でも発揮されていることが確認できた。

4．転造ねじの環境性能

転造ねじには、環境に優しいという特長もある。

まず第一に、ねじ加工に伴う切り屑の発生が著しく低減される効果がある。転造ねじは管端部の真円度加工のために管端を薄く削る以外には、ねじ山の形成過程において切り屑を発生させない。

写真4[2]には転造ねじ加工を行った際に発生する切り屑の量を切削ねじと比較した例を示す。

(a) 転造ねじ加工

(b) 切削ねじ加工

写真4　ねじ加工時の切り屑の発生状況[2]

また、切削ねじと比較してねじ加工時の発熱も少なく、使用するねじきり油の使用量を大幅に減らすことができるというメリットもあり、転造ねじはねじ加工に伴う廃棄物の排出も少なく、環境にも優しい加工方法といえる。

5．おわりに

よく解る配管用転造ねじシリーズの第2回、第3回では、転造ねじの特長について紹介してきた。転造ねじの特長を最後にまとめると以下の様になる。

① 強度：ねじ山の谷部の管厚が厚くなるため、ねじ接合部の高い引張強度、曲げ強度を有すると共に、大きな変位にも耐えられる特長がある。このため耐震性に優れる。
② 耐久性：同じくねじ山の谷部の管厚が厚くなるため、腐食が発生した時の貫通による漏水等の発生までの期間を延長することができ、耐久性に優れる。
③ 耐食性：亜鉛めっき管に転造ねじを使用した場合、ねじ部のめっきを削り取らないため、ねじ山露出部の耐食性が向上する。
④ 環境性：ねじ加工時の切り屑の発生量、油の使用量が少なく廃棄物の排出の少ない環境性に優れた加工方法である。

このように転造ねじには種々の優れた特長があるが、一方で普及する上での色々な課題も残されているため、普及が十分に進んでいない実態もある。

以後の回の解説では、転造ねじの普及上の課題についても順次紹介していく予定である。

＜参考文献＞
(1) 宮田志郎："第2回転造ねじの特長(1)"，建築設備と配管工事（2014.3月号）
(2) レッキス工業㈱，技術資料

―【筆者紹介】―

宮田志郎
　転造ねじ普及研究会
　JFEスチール㈱　東日本製鉄所（京浜地区）
　商品技術部　主任部員

[シリーズ：よく解る配管用転造ねじ・地震に強い接合④]
第4回　ねじの歴史

転造ねじ普及研究会　岸川　浩史・竹岡　克司・井出　浩司
Hiroshi Kishikawa　Katsushi Takeoka　Hiroshi Ide

1．はじめに

ねじとは、円筒や円錐の側面にらせん状の溝を切ったものである。外面に溝を切ったものをおねじ、内面に溝を切ったものをめねじと呼び、これらを嵌め合わせることにより、ものを締結するのに用いられる。ねじは回転させると、回転の力を垂直方向の大きな力に変換するという機能を持つ。このねじの漢字表記には、種々あるが、その一つの「螺子」の「螺」は巻貝の意味である。

人類が最初にねじの原理を利用したのは、この巻貝に関してだと言われている[1]。すなわち、巻貝に棒きれを突き刺し、巻貝を回転させることにより、中の肉を取り出した。立派なねじの原理の活用である。以来、人類は自らねじを作製することにより、様々な分野で社会に役立ててきた。今回、転造ねじの変遷を書くにあたり、ねじの歴史全体を振り返ることにする。

2．ねじの歴史

ねじの歴史を第1表に年表としてまとめる。史実に残っているねじの活用としては、BC280年頃に発明されたアルキメデスの揚水ポンプがあげられる[1]。これは筒の中で、芯棒の周りにらせん状に板を打ち付けたものを回転させることにより、低所から高所に水を供給した。

またBC240年頃には、木製三角ねじがオリーブオイルの圧搾に利用された。これらは木製であり、金属製のねじが登場するのは1500年頃になる。1543年種子島に伝来した火縄銃には尾栓

第1表　ねじの歴史

年代	項目
原始	ねじ原理発見（巻貝からの肉片採取）
BC280頃	アルキメデスの揚水ポンプ
BC240頃	オリーブオイル圧搾に三角ねじ使用
1500頃	鉄鋼製ねじの登場
1543	鉄砲（金属製ねじ使用）の伝来
1700頃	佐渡金山で揚水ポンプ（水上輪）を排水に利用
1800	鉄鋼製ねじ切り用旋盤の開発
1841	「ウィットウォースねじ」の標準化
1857	日本、ねじ切り用旋盤を輸入
1949	ねじのJIS制定（6月1日）
1955	転造加工によるねじ製造が本格化
1975	6月1日を「ねじの日」に制定
1983	管用テーパ転造ねじ開発、新幹線に採用
1986	管用テーパ転造ねじ加工機販売開始（工場設置型）
1995	阪神大震災発生、鋼管ねじ継手破断が一部で発生
1996	可搬式管用転造ねじ加工専用機販売開始
1997	機械設備工事共通仕様書で鋼管の転造ねじ加工が認められる
2001	兵庫県がポリエチレン粉体ライニング鋼管に転造ねじ加工を採用
2003	従来ねじ切り機に搭載可能な自動転造オープンヘッドの販売開始（～50A）
2005	65Aの自動転造オープンヘッドの販売開始
2007	同80Aの特注品販売開始
2010	公共建築工事標準仕様書でポリ粉体ライニング鋼管の転造ねじ加工が認められる

に金属製のねじがすでに使用されていた[2]。尾栓は銃口と反対側の穴を塞ぐ役目を持ち、この栓が取り外し可能であることにより、筒内の掃除ができた。筒内に火薬の残りかすがたまると、銃身を塞ぎ、弾が発射されずに爆発する危

険があった。当初、ねじの概念がなかった日本の職人は、尾栓を溶接で塞いだため、爆発事故を招いてしまった。その後、やすりで削っておねじを作製、おねじに合わせて鍛造でめねじを作製し、この問題を解決した。この当時の、ねじ接合は、おねじに合わせてめねじを鍛造で作製するため、1対1対応であり、互換性を有さなかった。

1700年頃には、前述のアルキメデスの揚水ポンプの技術が2000年の歳月を経て日本に渡り、佐渡の金山の坑内排水に使用され、水上輪と呼ばれた[3]。このようにねじで流体を運ぶ技術は、現代でもプラスチック樹脂の押出成形機（スクリューで押出）に活用されている。

1800年には、ヘンリーモズレーが鉄鋼製のねじ切り用旋盤を開発した[4]。これは、ねじにとって、革命的発明となった。それまで、木製のねじ切り用旋盤であったため、できあがるねじは精度が悪く、一つ一つが異なっていたため、互換性がなかった。鉄鋼製のねじ切り機によって、精度の高いねじ切りが可能になるとともに、同じねじを大量生産できるようになり、初めてねじに互換性が与えられた。

1841年には、モズレーの弟子のウィットウォースは、客先注文仕様であったねじピッチ、山形、外径を定めて、「ウィットウォースねじ」として標準化した。このねじは、後にイギリス国家規格（BS規格）へと発展した。

このウィットウォースねじはネジ山角度が55°であったが、山角度60°であるねじが米国やフランスで開発された。その寸法単位から、米国のものはインチねじ、フランスのものはメートルねじと呼ばれる。この2種類は、その後、ねじ規格の主流となり、現在ではISO規格として採用されている。

我が国でも1857年にねじ切り用旋盤を輸入し、互換性のあるねじの製造を開始した。1949年には、ねじの日本工業規格（JIS）が制定された。この制定日である6月1日を記念して、日本のねじの製造・販売業者で構成されるねじ商工連盟は1975年にこの日を「ねじの日」とした。

1955年には、転造加工によるねじ製造が本格化した。但し、これはボルトのねじ加工であり、中空である鋼管への転造ねじ加工はまだ困難であった。これは、管の外周から転造加工しようとすると、管が座屈したり、変形してしまうためである。

1983年、この問題を解決したのが渡辺工業である。渡辺工業は、以下のような工夫で管用テーパ転造ねじの製造を可能にした[5]。

① 転造ダイスの個数を増やす。
② 予めテーパねじのテーパに合わせた絞り加工を行う。
③ 管回転数を従来の数倍～10倍である1,000～3,000rpmの高速回転でねじ成形加工力を与える。

鉄道車両のブレーキ装置等にエアを供給する配管は、当時切削ねじで接合されていたが、精度の問題から空気漏れの不安があり、また肉を削るため、谷底部の肉厚が薄くなるとともに谷底部が切欠形状になることから、応力集中を受けやすく、強度的な不安もあった。

転造加工したねじは、切削ねじに比べ、精度が高く、谷底部での肉厚も厚くできることから、上述の不安を解消でき、新幹線を始めとする鉄道車両に採用された。

渡辺工業は1986年に管用転造ねじ加工機を開発、量産機10台を車両メーカーに販売、その後は技術供与を受けた工進精工所が量産機の製造販売を行なっていた。

しかし、写真1に示すこの機械は大きな定置式の機械であり、価格も1千万円を超すものであり、鉄道や船舶等の輸送用機械部品製造に使用されたが、建築設備配管用途に普及することはなかった。

1995年には阪神大震災が発生し、鋼管のねじ継手部で破断するという事例が多く見られた。翌年、写真2に示す可搬式管用転造ねじ加工専用機がレッキス工業から販売開始された。

写真1　工場設置型管用テーパ転造おねじの加工機
　　　（工進精工所製）
　　　重量800kg　鉄道車両中心に使用　10～25A用

写真2　可搬式のねじ転造専用機（レッキス工業製）
　　　重量95kg　100V　建築設備配管に使用
　　　10～50A用

可搬式のため建築設備配管へ適用しやすくなった。

　1997年、当時の機械設備工事共通仕様書（平成9年版、現公共建築工事標準仕様書）で黒管、白管への転造ねじ加工が認められたが、直接「転造ねじ」という言葉は記載されなかった。このことについては次章で述べる。

　また、兵庫県では地震の教訓から、耐震性が高い継手として配管用炭素鋼管や水道用ポリエチレン粉体ライニング鋼管に関し、転造ねじ加工の採用を決定した。

　2003年には、レッキス工業から、従来の切削ねじ切り機のヘッドを交換するだけで転造ねじ加工が可能にできる、自動転造オープンヘッド（写真3）の販売が開始された。これにより従来の切削ねじ切り機を保有していれば、転造ねじ加工機本体（約200万円）に対し、より少ない投資で転造ねじ加工が可能になった。

写真3　パイプマシンに搭載できる、自動オープン転造ヘッド（レッキス工業製）
　　　可搬式のねじ転造専用機に替わって建築設備配管に使用

　2003年の転造ヘッドの販売は50Aまでのサイズだったが、2005年には65A、2007年には80Aの転造ヘッドが開発された。

3．公共建築工事標準仕様書の記述の変遷

　転造ねじに関する公共建築工事標準仕様書の記述の変遷を第2表にまとめる。転造ねじ加工が認められたのは、前章でも述べたが平成9年（1997年）版からであるが、この時、直接「転造ねじ」という用語は記載されなかった。

　それまで使用されていた「ねじ切り機」という用語を「ねじ加工機」と置き換えることにより間接的に転造ねじ加工を認めたわけである。この時、「なお、管端防食管継手の接続部は切削ねじ加工とする。」という一文を入れることにより、水道用硬質塩ビライニング鋼管や、水道用ポリエチレン粉体ライニング鋼管については切削ねじを標準のままとした。

　この状態は、平成19年（2007年）版まで続いたが、平成22年（2010年）版で初めて水道用ポ

第2表 標準仕様書（機械工事設備編）の記述の変遷

	第2編共通事項　管の接合　2.5.1　一般事項
平成9年版 （1997年）	d）ねじ加工機は、自動定寸装置付きとする。また、ねじ加工に際しては、ねじゲージを使用して、JIS B 0203（管用テーパねじ）に規定するねじが適切に加工されているか確認する。 なお、管端防食管継手の接続部は切削ねじ加工とする。
平成22年版 （2010年）	(d)…なお、塩ビライニング鋼管等の防食措置を施した配管と管端防食管継手との接続部は、切削ねじ接合とする。但し、呼び径50以下のポリ粉体鋼管は、転造ねじ接合としてもよい。
平成25年版 （2013年）	d）… e）塩ビライニング鋼管等の防食措置を施した配管と管端防食管継手との接続部は切削ねじ接合とする。ただし、呼び径50以下のポリ粉体鋼管は転造ねじ接合としてもよい。

リエチレン粉体ライニング鋼管への転造ねじ加工が認められた。「ポリ粉体鋼管は、転造ねじ接合としてもよい」という一文により、初めて「転造ねじ」という用語が記載された。平成25年版では、ねじ加工機の部分とライニング鋼管の部分を分離し、d）、e）として独立させた。

4．おわりに

　管用転造ねじが使用されだして、既に10余年の月日が過ぎたが、長いねじの歴史を振り返れば、まだまだ日が浅いともいえる。地震国日本にとっては、転造ねじ技術は、建築設備配管の耐震性を向上させる有力な武器であり、ポリエチレン粉体ライニング鋼管への適用も、公共建築工事標準仕様書で認められたことから、今後の一層の普及が期待される。

＜参考文献＞
(1) ねじ配管施工マニュアル，ねじ施工研究会，日本工業出版（2013）
(2) 井塚政義・飯田賢一監修：「鉄砲伝来前後」－種子島をめぐる技術と文化－，種子島開発総合センター編（1986）
(3) 佐渡市「佐渡金銀山を世界に」ホームページ，先端技術の導入と改良
https://www.city.sado.niigata.jp/mine/tec_eco/implement/index.shtml
(4) 山本　晃："ねじのおはなし"，日本規格協会（2003）
(5) 卓越研究データベース，発明と発見のデジタル博物館　機械編，管用テーパ転造ねじ及び管用ねじ転造加工機の開発　http://dbnst.nii.ac.jp/pro/detail/1885

【筆者紹介】

岸川浩史
　転造ねじ普及研究会
　新日鐵住金㈱　鋼管事業部　鋼管技術部
　鋼管技術室　主幹

竹岡克司
　転造ねじ普及研究会
　レッキス工業㈱　商品開発部　部長

井出浩司
　転造ねじ普及研究会
　第一高周波工業㈱　パイプ事業部　顧問
　（IDE研究所代表）

●優良技術図書案内

● メーカ就職希望の理工系学生のために
商品開発の流れと設計のポイント
長縄一智　著　A5判　180頁　定価1,575円

お問合せは日本工業出版㈱販売課まで　販売直通 03（3944）8001　FAX 03（3944）0389

[シリーズ：よく解る配管用転造ねじ・地震に強い接合⑤]
第5回　配管施工者から見た転造ねじ
＜施工者へのアンケート調査結果から＞

転造ねじ普及研究会　飯田　徹
Toru Iida

1. はじめに

転造ねじが建築設備の施工現場に普及していくためには、実際に工事を行う配管工（以下、配管施工者）の方々からそれなりの支持を得る必要がある。具体的に言えば、施工性、信頼性、コストなどであろう。また、施工上、切削ねじと比較の上で、配管施工者が持っている微妙な感触のズレや好悪を含めどのように思っているのか、ということも重要である。

これら実態を探るため、転造ねじ普及研究会では2011年度に配管施工者を対象にしたアンケート調査を実施した。本稿ではその結果を報告する。

オンサイトの転造ねじ加工機は10～65Aのヘッドが用意されているため、配管用炭素鋼鋼管（SGP（白・黒））の使用率の高い空調配管が主体であることをご勘案いただきたい。

なお、本稿は、平成24年の空気調和・衛生工学会大会の筆者らの報文[1]を基にしている。

2. アンケート調査の概要

建築設備の現場における転造ねじ加工機自体は、すでに20年程の歴史がある。しかし、その機械的強度や信頼性に高い評価を得ている割には、普及がはかばかしくない現状がある。その理由を明らかにし、普及促進を図るための環境づくりを進めることが、本研究会の目的である。

アンケートは、配管施工者を対象とし、転造ねじの使用経験の有無により質問内容を違え、「転造ねじを使用したことがある」配管施工者には20題、「転造ねじを使用したことがない」配管施工者には12題の設問としている。質問事項は、第1表による。

第1表　転造ねじに関する調査　質問事項の内容[1]

使用したことがある	使用したことがない
①適用建物名	①知っているか
②採用のきっかけ	②使用しなかった理由
③配管用途	③使った人を知っているか
④使用管種	④単位長さの加工費は安くなるが採用するか
⑤使用管径	⑤ダイヘッドの金額はどうか
⑥加工場所	⑥専用シール剤は1社しかないことをどう思うか
⑦加工機の導入方法	⑦65Aを超える製品は必要か
⑧加工能率	⑧ポリ粉体ライニング鋼管に採用できることを知っているか
⑨ねじの締込み方法	⑨転造ねじによる施工を指定されたらどうするか
⑩ねじの締込み力	⑩転造ねじを普及させるために何が必要か
⑪ねじが焼付いたか	⑪ねじゲージで基準径の位置を確認しているか
⑫ニップル対応	⑫ねじの締込み管理をどうしているか
⑬シール剤	
⑭施工上の問題点	
⑮施工上の注意点	
⑯良い点	
⑰普及が遅れている理由	
⑱使ってよかったか	
⑲次の現場で使うか	
⑳漏れ箇所数は	

なお、このアンケートは、(一社)日本配管工事業団体連合会、関東配管工事業協同組合、(一社)日本消火装置工業会に配布の協力をいただいており、この場を借りて再度厚く御礼申し上げたい。

3. アンケート調査の結果
3-1　回答の状況

前述した各業界団体の協力もあり、108名の

配管施工者から、有効回答を得ることができた。施工経験の有無については第1図のように、使用経験者は40%（43件）で半数に届いていない。

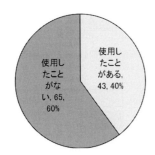

第1図　転造ねじの使用経験（母数108）

3－2　転造ねじ使用経験がある配管施工者の回答結果

(1)　転造ねじ採用のきっかけ

現場において、転造ねじを指定された場合が91%と大半を占めている（第2図）。配管施工者が提案したケースも7%（3件）あった。

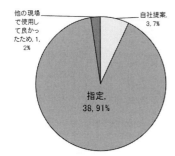

第2図　転造ねじ採用のきっかけ（母数42）

(2)　転造ねじ加工機の導入方法と費用

転造ねじ加工機の導入方法、導入費用などについての回答を第3図(a)～(d)に示す。レンタルによる導入が過半を占め、導入費用が高いために配管工事会社は購入を控えている様子が伺える。購入金額については全員が"高すぎる"と答えている。また、購入した動機は、設備施工会社からの要請が60%と多数を占めるが、今後も使用されていくであろうと、配管工事会社が自ら考えた前向きなケースが40%もあった。

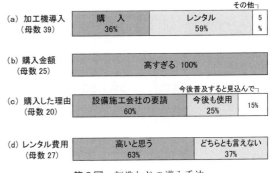

第3図　転造ねじの導入手法

近年、顕著な傾向として、官庁工事では転造ねじが技術提案に盛り込まれることは普及に追い風ではあるが、空調システムがビルマルチ採用のケースが多くなったこと、ねじ加工自体も工場加工に徐々に移行しつつあることは（短工期の現場が多い）、ねじ加工機の普及を妨げる要因でもある。今後の動向に注目したい。

(3)　転造ねじの加工場所と加工能率

転造ねじの加工についての回答を第4図(a)(b)に示した。ねじの加工（第4図(a)）は、現場と工場の併用が29%、現場のみが62%を占めた。今後、工場におけるプレハブ加工が増えていくと思われるが、発注価格に工場加工費が適切に確保されることが条件である、との指摘もあった。

現場における加工能率（第4図(b)）についても、転造ねじは切削ねじに比べ加工時間は長い又は同等と感じている。転造ねじは、切削ねじにはない"真円加工"という工程が増えている。

第4図　転造ねじ加工についての回答

(4)　転造ねじの施工・施工管理について

転造ねじによる配管施工（ねじ込み作業）における、使用工具及び締込みの管理方法を第5図にまとめた。

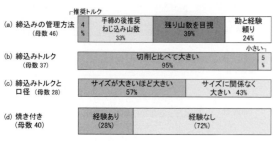

第5図　転造ねじの施工についての回答

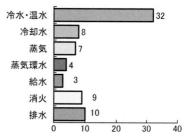

第6図　転造ねじ配管の用途（複数回答73）

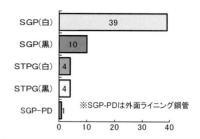

第7図　転造ねじの使用管材（複数回答58）

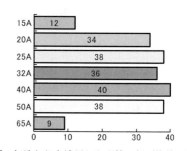

第8図　転造ねじを適用した配管口径（複数回答207）

工具は従来通りパイプレンチ等が主流であり、施工管理（ねじ締込み完了の目安）は、"残り山数を目視"するが、およそ40％を占め最も多かった。残り山数によるねじの管理は、継手の中に隠れてしまったねじ山数が確認できないため、信頼性に欠ける管理方法である。これは"ねじ込んだ山数"という本来あるべきねじの管理を上回っており、正しい知識の伝承ができていない、という問題点が浮き彫りとなった。

また切削ねじと比較して、95％の施工者が転造ねじの締込みトルクが大きく（固く）なったと言い、そのうち57％は口径が大きいほど締込みトルクが大きいと回答した。管と継手の焼き付きは、28％（母数40）が経験ありと答えている。

(5) 転造ねじを適用した配管用途・使用管材・配管口径

配管の用途及び使用管材は、第6図及び第7図に示す。蒸気配管も含めて空調系配管が約70％を占めるのは、空調配管で使用する管種がSGP（白）、SGP（黒）が主体であるためと考えられる。

転造ねじを適用した配管口径は、第8図のように20～50Aが多く15A及び65Aは少ないという結果になった。空調配管・消火設備配管でSGPを使用する場合、65A以上を溶接にするケースが多いことを反映していると考えられる。またこの結果は、転造用のヘッドが65Aまでしか製作・販売されていないこともその要因である。

一方、切削ねじならば、25～50Aまでの4サイズのねじが1つで切れるダイヘッドが存在する（第2表）ので、サイズごとにヘッド交換が必要な転造ねじと比較して、施工性の差は無視

第2表　転造と切削のダイヘッド比較

	配管口径							
転造ねじ	10A	15A	20A	25A	32A	40A	50A	65A
切削ねじ	10A	15～20A		25～50A				65A[注]

注）切削65Aのダイヘッドは80Aと共用

できない。加えてサイズ毎にヘッド購入が必要な導入コストも、その普及の障害になっていると考えられる。

排水の用途で転造ねじが使用されている結果となっているが、鋼管は近年通気管ぐらいしか使われないので、概ね空調ドレンではないかと思われる。また、排水管に転造ねじを適用し、排水用継手（JIS B 2303）にねじ込んで継手が割れたという自由記述もあった。

(6) 転造ねじに使用するシール剤

シール剤は第9図に示すように、多くの銘柄が使われており統一されていない。転造ねじ加工機製造者から一種類のみ販売されている"転造専用シール剤"の使用率は20％に留まり、同社による施工指導の不足、施工要領の不徹底が見られる上、温度等により専用シール剤を適用できない用途もあるので、単純に「専用シール剤を使用してください」というのではなく、分かりやすく説明し使用者に理解される努力が必要と考えられる。

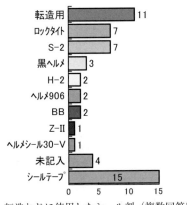

第9図　転造ねじに使用したシール剤（複数回答55）

(7) 転造ねじの問題点と普及しない理由

まず、転造ねじの施工経験者から見た問題点は、第10図に示すように、口径ごとにヘッド交換が必要なこと（切削ねじとの比較で、第2表も参照されたい）、締込みトルクが切削ねじより大きいこと及び専用シール剤が一種類しかないことの3点を挙げている。

締込みトルクについては、大多数の95％（母数37）が大きくなったと回答しているが、"1サイズ大きな工具を使えば問題ない"とする自由意見もあった。

短管ニップルについての質問では、第11図の通り46％が市販品を使用している。市販の短管ニップルは切削加工（NC旋盤が多い）で製造されており、"切削で製作"と回答した11％を加えると、過半の施工者が転造ねじと切削ねじを混用している結果となった。転造ねじに比べて切削ねじは強度がないため、地震による大きく激しい外力がかかった場合、応力は他の部分より弱い（＝断面欠損が大きい）箇所で大きくなるため、全てが切削ねじで施工された場合よりも応力の分散が難しく、短管ニップルで破損・破壊するリスクが大きくなる。

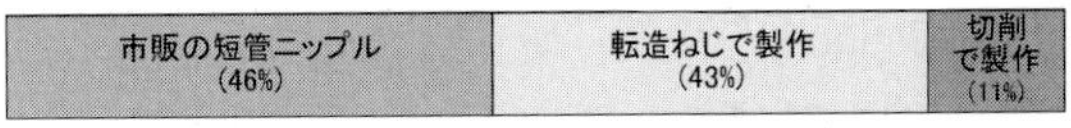

| 市販の短管ニップル (46%) | 転造ねじで製作 (43%) | 切削で製作 (11%) |

第11図　使用する短管ニップル（母数37）

また、水圧試験時の漏水が、切削ねじと比べ6割の配管施工者が多いと回答している（第12図）ことが気になる。

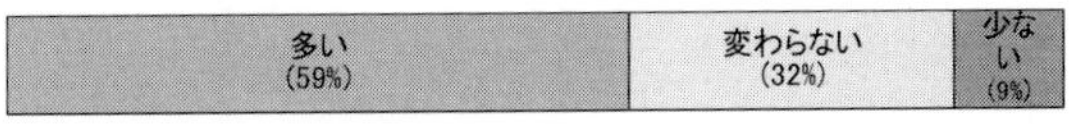

| 多い (59%) | 変わらない (32%) | 少ない (9%) |

第12図　水圧試験時の漏水は切削ねじと比べて（母数34）

このように、転造ねじを使用する場合の正しい知識を普及させることは、配管の信頼性向上には重要なことであり、施工管理者の責務であると考える。

次に、転造ねじ普及が遅れている理由についての質問に対し、"加工機が高価"、"なじみが薄い"、"試験時の漏れが多い"、"専用シール剤は1社からしか販売されていない"などのような

回答となった（第13図）。自由回答では、転造ねじは切削ねじと比較してねじ形状が鋭利でないため、何らかの衝撃を受けると緩みが生じやすい、という指摘も上がっている。

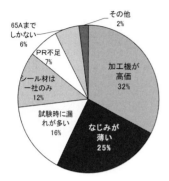

第13図　転造ねじの普及が遅れている理由（複数回答89）

(8) 転造ねじの使用感

転造ねじによる施工を実施した結果、その使用感は"良くなかった"が"良かった"を大きく上回った（第14図(a)）、また、自由回答を整理すると（第14図(b)(c)）、配管施工者は、"強度・耐久性の高さ"及び"切り粉が少ない"ことに対して良い評価をしている。

一方、"次の現場では使いたいか"という設問に対し94%（母数33）が使いたくないと回答している。

3－3　転造ねじ使用経験がない配管施工者の回答結果

アンケートを実施した時点では、前掲第1図に示すように、およそ60%の回答者が転造ねじによる施工経験がないと答えており、以下その結果を示す。なお、転造ねじ施工経験の有無でアンケートの設問（第1表）は、違えている。

(1) 転造ねじ認知度と使わない理由

転造ねじの使用経験がない配管施工者に対する転造ねじの認知度は、"聞いたことがある"も含めると83%（母数66）に認知されている（第15図）。それにもかかわらず使用しない理由は、"高コスト"（42%）が最も多く、次いで"メリットが不明"（14%）があり、さらに"不評"（7%）と続く（第16図）。自由記述では、工場と現場の両方に加工機を用意しなければならないので、導入費用が嵩むという指摘も上がっている。

そこで、転造ねじを使用すると、
① 切削油の消費が減る
② 転造ローラの寿命が長くねじ1本当たりの消耗工具費は割安になる
③ 残ねじ部の防錆塗装が不要になる

などを説明した後で再度採用の可否を尋ねた結果が第17図である。"その他"という回答が多

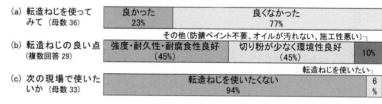

第14図　転造ねじの使用感

第15図　転造ねじの認知度（母数66）

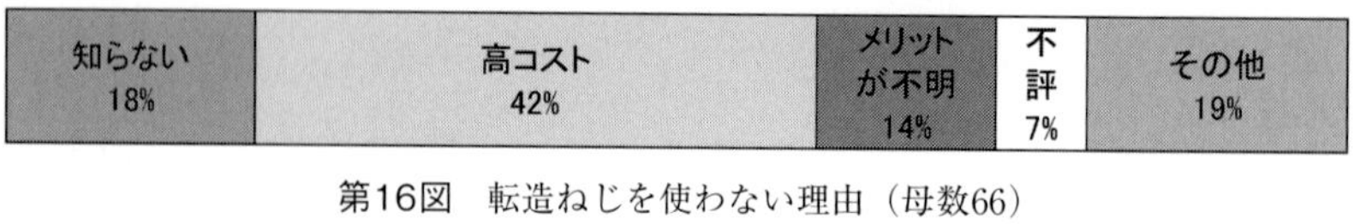

第16図　転造ねじを使わない理由（母数66）

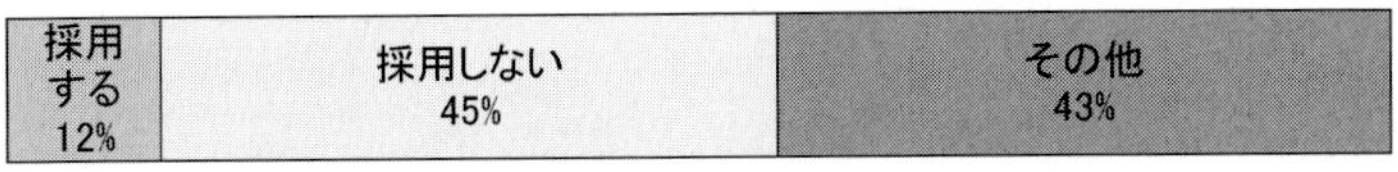

| 採用する 12% | 採用しない 45% | その他 43% |

第17図　コストメリット説明後の回答（母数66）

すぎる（43%）のが難点ではあるが、コストメリットは感じないと考えている結果だった。転造ねじは使用できる管材が限られる（塩化ビニルライニング鋼管（SGP-V*）には適用できない）ため、加工機は、転造・切削の両方を維持しなければならないことが、その要因ではないかと考えられる。

転造ねじを導入する場合、ヘッドの価格（約100万円）がやはり大きな障壁となっていることが如実に現れ、約60%がレンタルと回答しており、普及が進んで行かない現状を表している（第18図）。

一方、転造ねじ加工がポリ粉体ライニング鋼管（SGP-PB）に適用可能なことの周知度は29%（母数65）に留まるなど、今後、各方面で正確な情報をPRしていく必要を感じた結果だった。

(2)　転造ねじの適用口径とシール剤への要望

先にも述べたように、現在転造ねじ加工機のヘッドは10〜65Aがあるが、必要と思われる最大口径を聞いたところ、"80〜100Aまで必要"（46%）と"現状でよい"（45%）という意見が拮抗している（第19図）。転造ねじ施工の経験者の使用口径の回答（第8図）を見る限り現状で十分と思われ、80A/100Aのヘッドを販売してもそれほど売れないものと思われる。

また、専用シール剤が一社一種類しか販売されていない現状については、加工機製造者以外から販売されることが望まれている（84%）結果となった（第20図）。

(3)　転造ねじ普及について

転造ねじ施工経験のない配管施工者でも、施主・受注先等から要請があれば導入しないわけではないようだ（第21図）。

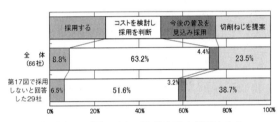

第21図　要請があれば転造ねじを採用するか

また、(1)で転造ねじのメリット説明後「採用しない」と回答した29社（第17図の45%）でも、受注先等の要請があれば60%強の配管施工会社が転造ねじの採用に前向きである。加工機製造者は、転造ねじ加工機を導入しやすい環境（リ

第18図　希望する加工機の導入方法（母数66）

第19図　最大口径はどこまで必要か（母数65）

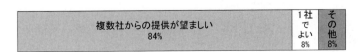

第20図　専用シール剤について（母数66）

ース・レンタル）を、もっと積極的に進めれば、普及は徐々に進んでいくと思われる。

また、転造ねじの普及促進の要件については、"加工機を廉価供給"する（52%）が最も多く、次いで普及を妨げる要因として、転造ねじを使うことのメリットが理解しにくい（28%）、という結果だった（第22図）。

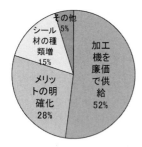

第22図　転造ねじ普及促進の要件（母数98：複数回答）

(4) ねじ締込みの管理について

転造ねじの施工経験がない配管施工者に対し、管用ねじの施工管理方法についての2つ設問を入れた。

まず、ねじを加工したときにはその精度（妥当性）を確認するため、定期的にねじゲージによる基準径位置の確認が必要だが、回答では70%は"チェザー交換時に実施"していると回答しているが、残りの30%は"確認しない"、"ねじゲージがない"など、配管施工者として問題を残す回答が返ってきている（第23図）。

次に、前掲の第5図同様に、転造ねじの施工経験のない配管施工者にもねじの締込み管理について聞いており、第24図に転造ねじ経験者(a)同未経験者(b)を並べて示した。結果として転造ねじ施工経験の有無に関わらず、"残りねじ山数"によるねじ込配管の施工が行われていることが明確になった。両者を集計した回答112

第24図　ねじの締込みの管理方法

件の半数近い48件（43%）が、"残りねじ山数"の管理のみで施工しているのであれば、間違った認識である。ねじ込みの原則は、手締め後の締込み山数であり、その原則に則って施工し、その結果として残りねじ山数を確認し管理することが必要である。

4．おわりに：まとめと今後の課題

4－1　アンケート調査のまとめ

転造ねじが普及していかない理由は、配管施工者を対象に実施したアンケート調査結果から見ると、次の7点となる。

① 配管施工者にとって転造ねじ導入時の最大の障害は、加工機が高価なことである。それは、切削ねじが2～4口径を1つのダイヘッドで兼用できるのに対し、転造ねじでは一口径1ヘッドであることが大きく影響している。また、塩化ビニルライニング鋼管の施工もあるので、切削用ダイヘッドの用意を免れるわけではないことも大きな要因と考えられる。

② 配管施工者は、①の通り、ねじ加工時に頻繁なヘッド交換自体を作業効率低下と見ている。また、真円加工が一工程増えたことも、その要因と考えられる。

③ 配管施工者は、専用シール剤（液状ガスケット）が限定されていることに不合理を感じている。専用と言いながら用途を選ば

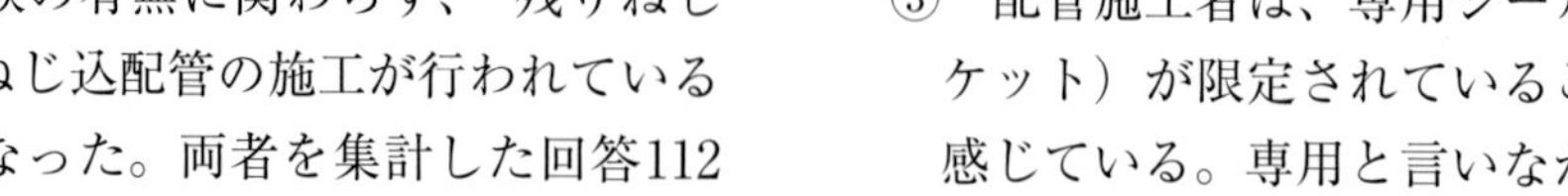

第23図　ねじゲージによる確認のタイミング（母数63）

ないわけではない。なお、カタログ上の専用シール剤の用途は"空調配管、給水配管、消火配管"となっている。
④ 配管施工者は、転造ねじの締込み作業では切削ねじより高い締込みトルクが必要なため、その負荷が大きく、作業効率が低下したと感じている。
⑤ 締付け完了の目安が曖昧で統一されていない。しかしながら、切削ねじ接合においても似たような管理しかなされない実態も明らかになり、施工管理者が配管施工者に対して指導・啓発をする必要があり、自由意見でもそのような指摘が上がっている。
⑥ 配管施工者は、転造ねじの自主的な導入には消極的だが、施主・受注先からの要請があれば導入する可能性があることが判った。その一方、導入のメリットがよくわからないという意見もあった。
⑦ 80A及び100Aの口径追加要望はそれほど多くなく、追加することによる普及促進効果は疑問が残る。また、ポリ粉体ライニング鋼管が衛生配管への適用がそれほど振るわないことも、その要因と考えられる。

4-2 普及促進に当っての課題

アンケート調査の結果から見えてくる、転造ねじの普及促進への課題点は次の通りである。
① 加工機製造者は、転造ねじによる施工を設計時にスペックインするよう、施主・設計事務所等に対するPR活動も必要である。現在、転造ねじ普及研究会では、PR用パンフレット原案を作成している。
② 官庁工事入札時に提出する総合評価方式の技術提案には転造ねじが提案され、採用されつつあるが、震災時に小口径切削ねじの折損が多発したこともあるので、配管施工者向けに加工機導入に対する国庫補助制度、低利融資制度等の働きかけも必要と感じる。そのためにも次項③は必須となるだろう。
③ 転造ねじ加工機は現在1社のみの供給であるため、今後、オンサイトの転造ねじ加工機に参入する新たな加工機製造者が参入することを期待したい。そのためにも利用促進等、積極的に参入できる環境づくりが必要である。

また、転造ねじの工場加工も増えつつあるので、本研究会ではこれに絡めたPR活動も実施していく必要がある。

〔謝辞〕
最後になったが、真摯なご回答をお寄せ頂いた配管施工者の皆様のご協力なくして、本稿は日の目を見ることはなかった。改めて感謝の意を表したい。

<参考文献>
(1) 飯田・竹岡・藤藁・他:建築設備配管用転造ねじの施工に関する実態調査<第2報>アンケートの調査結果と今後の改善策, 空気調和・衛生工学会平成24年大会論文集 (2012.09)

【筆者紹介】
飯田 徹
転造ねじ普及研究会
三機工業㈱ 安全品質環境推進室 品質管理部

● 優良技術図書案内
● **洋上LNG液化基地のプロジェクト動向と技術開発**
B5判 本文132頁 定価2,625円
お問合せは日本工業出版㈱販売課まで 販売直通 03(3944)8001 FAX 03(3944)0389

[シリーズ：よく解る配管用転造ねじ・地震に強い接合⑥]
第6回　コストスタディ

転造ねじ普及研究会　井上　正親・竹岡　克司
Masachika Inoue　Katsushi Takeoka
山本　健・村上　壽之
Takeshi Yamamoto　Toshiyuki Murakami

1．はじめに

シリーズ第5回の〜施工者へのアンケート調査結果から〜にあるように、転造ねじの普及が進まない大きな要因の一つに、コストの問題がある。

転造ねじ加工機メーカーが試算した切削ねじとのコスト比較では、

① 転造ローラの寿命は、切削用チェーザに比べると寿命が10倍。
② 切り粉処分費が少ない。
③ 加工オイルの使用量が少ない。

等のランニングコストのメリットにより、トータル的には、転造ねじの方がコスト安になるとされている。しかし、アンケートによる配管施工者の見解では、

① 初期導入の費用が必要。
② 転造ヘッドの交換と加工に要する時間が長い。
③ 専用のシール剤が必要。
④ 締込みトルクが大きくなるので作業効率が落ちる。

等のデメリットにより、転造ねじの方がコストアップになると回答されている。

かつては現場でのねじ加工が主流であったが、今では現場の工期短縮と品質の向上及び安全確保などを目的にねじの工場加工が増加している。

次に消火配管工事と空調配管工事を例にした現状について述べる。

2．消火設備配管工事における現状
2-1　消火設備の種類

消火設備配管には、スプリンクラー設備、屋内消火栓設備、泡消火設備等があり、材料は、配管用炭素鋼鋼管（SGP）、圧力配管用炭素鋼鋼管（STPG）が多く使用される。また、消火配管における配管サイズは、15〜200Aが主体である（第1表）。その中で、ねじ接合は一般的には65A以下のサイズに採用され、それ以上の配管サイズではハウジング型管継手や溶接継手等が採用される。転造ねじは10〜65Aまで加工可能であることから、消火設備配管においては、ほとんどのねじ接合配管に対応可能といえる。

第1表　消火設備の種類と配管サイズ

消火設備の種類	主な配管サイズ
スプリンクラー	25〜150A（200A）
屋内消火栓	25〜100A
泡消火	15〜150A

2-2　消火設備配管加工の現状
(1) プレファブ加工管のコスト

鋼管配管のねじ接合は、施工技能者の力量に依存するところが大きく、配管図を基にして、現場近くの作業場で切断とねじ加工を行い、現場に持ち込みねじを締め込んでいく手順で進められていく。

狭隘な場所で、配管の位置や角度合わせを要求されるケースも少なくなく、締付けトルク不

足による漏水や過度の締付けによるねじ部のカジリによるトラブルが発生しやすいことなどから、予め工場にて加工された管と継手を取り付けたプレファブ加工管を製作し、現場に搬入後吊り込み施工する作業形態が大都市圏を中心に主流となり、工期短縮と品質向上に寄与してきた（写真1）。

写真1　プレファブ加工管の荷姿

プレファブ加工のプロセスを第1図に示す。

前述のとおり65A以下の小口径サイズに用いられる接合方式は主にねじ接合である。従来の切削ねじ加工に比べ転造ねじ加工は特別な手順が必要となるため、物件規模、設備の種類、ねじ加工比率などによる差はあるが、概ね1物件あたりプレファブ加工管費として15～25%程度コストアップする傾向にある。

プレファブ加工管工場におけるコストアップ要因としては、次の点が挙げられる。

① 切削ねじ加工の場合は、切断した管を自動でねじ加工するライン化が進んでいて、加工方法もNC加工機を使用するケースが多く、省力化が図られているが、転造ねじ加工では同ラインを使用することができない。

② 転造ねじ加工の前処理として真円加工が必要となり、1工程増加することで、作業費とリードタイムが増加している。

③ 現場と同じ可搬式加工機を使用する場合、ねじ加工作業も長く、現場作業との優位性が確保できない。

等が理由である。

(2) 加工用機材の導入コスト

プレファブ加工管が消火設備配管工事における主流ではあるが、現場での取り合い上の問題、設計変更等の理由により、現場での加工作業も実際には多数発生する。そのため、配管施工者は建設現場においても転造ねじ加工ができるように機材を用意する必要がある。

加工機材類の導入方法には、新規購入とレンタルの選択肢がある。

新規購入については、配管施工者がねじ転造機メーカーのねじ加工機を所有している場合は、転造ヘッドがねじ加工機に取り付け可能となるため、ねじ加工機本体の購入は不要となる。しかし、転造ヘッドは、加工する配管サイズ毎に適合機種が分かれているため、転造ヘッドを全て用意する必要がある。また、転造ねじ加工機メーカー以外のねじ加工機を所有している配管施工者も実際には多く、その場合は、新たに「転造ヘッドに対応したねじ加工機」と「転造ヘッド」を購入する必要がある。

現在、建設現場において使用可能な可搬式転造ねじ加工機メーカーは一社のみであり、ねじ加工用機材の価格が下がりにくい状況にあると

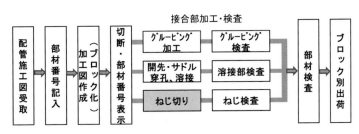

第1図　プレファブ加工のプロセス

考えられる。配管施工者にとって、機材導入のための初期投資費用の負担は大きい。

レンタルについても、新規購入と同様に転造ねじ加工機メーカーのねじ加工機を所有している場合とそうではない場合とで異なるが、配管施工者にとって施工のコストアップ要因であることに違いはない。

(3) 配管作業コスト

配管作業費用においてもコストアップ要因がある。具体的には
① 転造ねじは、ねじ加工に時間がかかる上に、サイズ毎に転造ヘッドを交換する必要があり、手間が増える。
② 締め込みトルクが大きくなり、締め込みねじ山の管理も難しいため、配管作業時間が増える。

何れの問題点も作業者にとって労働負荷が大きくなり、受け入れ難い理由となっている。

3. 空調設備配管工事における現状

3-1 空調設備配管の用途と種類

一般の建築物の空調は、空冷ヒートポンプパッケージシステムが主流を占めているが、大型の事務所ビル、複合施設、病院施設等では、水熱源システムを採用している事例が多い。

水熱源システムの空調設備配管用途は、冷温水、ブライン及び冷却水、蒸気、油、高温水、冷媒、給水、ドレンと多種に及び、使用する管材も炭素鋼鋼管（白管、黒管）、ステンレス鋼鋼管、塩ビライニング鋼管、硬質ポリ塩化ビニル管、銅管など多種多様である。流れる流体の種類と圧力、温度条件により管材の仕様が決まる。

使用する配管サイズは、15～400Aが主なサイズとなる。ねじ接合は、消火設備配管と同様に鋼管の65A以下のサイズにおいて採用されている。それ以上のサイズの配管は、溶接接合、フランジ接合、管端つば出し鋼管継手、ハウジング形管継手による接合となっている。

水熱源システムにおける空調設備配管ねじ接合の比率を事務所ビルと総合病院の事例として、第2表に示す。事務所ビルは、吸収式冷温水器、ターボ冷凍機、冷却塔、空冷チラー及び蓄熱槽を設けた熱源とし、AHU、FCUにて空調をしている。一方、総合病院は、空冷チラー、吸収式冷温水器、冷却塔、蒸気ボイラを熱源とし、AHU、FCU、水熱源ヒートポンプユニットにて空調をしている。共に、個別運転を必要とする空調には空冷ヒートポンプパッケージを採用している。ねじ加工の比率は、冷媒配管を除く空調設備配管すべてのSGP換算質量比で、ともに18％であった。

3-2 プレファブ加工管のコスト

プレファブ加工管において空調設備配管施工者は、自社の工場を持ち、施工図から部材加工図を起こして吊り込みを考慮した最適な加工管を製作している。

ねじ加工の場合は、現場取り合い部を除く約7割を工場加工とし、片側の継手を工場でねじ込み現場に搬入する。

工場での転造ねじと切削ねじ加工の違いは、消火設備配管と同様に初期投資と工数が増えるが、長期で見れば、転造ローラの高寿命、加工オイルの削減等を考慮すると、影響は少ない。

3-3 現場加工とねじ込み作業のコスト

小口径であるねじ込み配管は、消火設備配管と同様に現場取り合いが残り、現場加工が要求される。

ねじ込み作業においては、一種類の転造ねじ専用シール剤を使用し、手締め後の締め込み山数で管理することとなっている。空調設備配管の場合、多種多様の流体と温度の条件があり、シール剤の種類も多種となっている。転造ねじ専用シール剤以外を使用する場合は、締め付けトルクが切削ねじより大きくなり、ねじ込み管理を複雑化させている。

短ニップルは、現場加工ができないため、管材メーカーから購入するので、継手と同様の転造ねじ短ニップルの製品化が必要である。

配管作業員に転造ねじと切削ねじの二種類の

第2表　空調設備配管ねじ接合の比率例

空調配管の用途と管材		事務所ビル 延べ床面積 約88,800m^2		総合病院 延べ床面積 約46,300m^2	
配管	接続方法	質量計 [t]	比率 [%]	質量計 [t]	比率 [%]
冷温水・冷水・温水・熱源水【配管用炭素鋼鋼管（白管）】	溶接	107.600		267.751	
	ねじ	63.230	37%	70.892	21%
冷温水・冷水・温水【圧力配管用炭素鋼鋼管（白管）】	溶接	47.030		－	－
	ねじ	4.530	9%	－	－
冷却水【配管用炭素鋼鋼管（白管）】	溶接	41.690		16.057	
	ねじ	0.430	1%	0.159	1%
冷却水【圧力配管用炭素鋼鋼管（白管）】	溶接	51.910		－	－
	ねじ	0.430	1%	－	－
蒸気【配管用炭素鋼鋼管（黒管）】	溶接	－		0.000	
	ねじ	－	－	1.509	100%
ブライン【配管用炭素鋼鋼管（黒管）】	溶接	－		28.182	
	ねじ	－	－	0.092	0%
ドレン【塩ビ管・他】	他	45.860		12.188	
	他	0.000	0%	0.000	0%
還水【一般配管用ステンレス鋼鋼管】	他	－	－	0.418	
	ねじ	－	－	0.000	0%
冷温水・冷水【一般配管用ステンレス鋼鋼管】	他	14.080		－	－
	ねじ	0.000	0%	－	－
給水【一般配管用ステンレス鋼鋼管】	他	3.370		1.178	
	他	0.000	0%	0.000	0%
【配管用炭素鋼鋼管（白管）】	溶接	248.230		283.808	
	ねじ	68.620	22%	71.051	20%
【配管用炭素鋼鋼管（黒管）】	溶接	0.000		28.182	
	ねじ	0.000	0%	1.601	5%
【その他管材】	他	63.310		13.784	
	ねじ	0.000	0%	0.000	0%
全体	溶接	248.230		311.990	
	ねじ	68.620	18%	72.652	18%
	他	63.310		13.784	
	合計	380.160		398.426	

注）空冷ヒートポンプパッケージの冷媒配管は銅管であり、その他管材から除いている。

管理を要求すれば、複雑になり混乱を招くこととなる。空調配管工事に占めるねじ接合の比率は少なく、中でもねじ加工費と接合作業費のコスト比率はもっと少ない。良いものを作ることは共通認識であり、コストアップにならない施工方法、施工管理を確立する必要がある。

4．コスト改善

現状認識を踏まえて、コスト改善を進めていくためのプレファブ加工及び配管施工者に求められる主要な課題を次に示す。

4－1　プレファブ加工の改善

プレファブ加工管のコスト改善のために、取り組むべき課題は

① ねじ加工速度の高速化である。省力化が図られているプレファブ加工管工場の切削ねじ加工は、NC加工が主流で既に生産性の高い設備となっている。納期管理の面からも少なくとも同等以上の加工タイムになるよう設備対応が求められる。しかしながら人海戦術でねじ加工しているプレファブ加工管工場も多い。

② 新たな前加工の開発である。転造ねじ加工の前加工として、管外周面を切削する工程が必要とされている。目的は管外径の真円度を確保することが目的であるが、プレファブ加工管工場に納入される鋼管は、転造加工を阻害する有害な凹みや傷はなく、真円度加工を必要とする方法を外面切削に限定するのではなく、有効な前加工を研究することも検討する必要がある。

4-2 配管作業コストの改善

アンケート調査のまとめでも抽出されているように、高い締め付けトルクを低減できる配管用途ごとのシール剤を開発、使用する他、シール付き継手を使うことで作業負荷を軽減させることが第一優先に行うべきである。慣れない作業による漏れのリスクを軽減させる意味でも加工機メーカーの施工指導教育を受講し、転造ねじ配管の技能を身につけた多くの技能者を養成する活動も大切である。

また、引張試験、曲げ試験結果から切削ねじより高い強度があり、震災時の揺れなどで漏れ、管の破断の発生するリスクが少ないことが確認できているので、小口径配管の耐震振れ止め基準にも考慮されたい。

5．おわりに

このように転造ねじは、まだまだ慣れない技術であり、配管施工者の自主的な導入は進みにくい状況である。ただし、鋼管自体が持つ高剛性に加えて耐震性を兼ね備えた転造ねじ接合の配管は、公共施設をはじめ、学校、ホテル及び病院などにも採用が増加しつつある。今後プレファブ加工管工場のコストダウン等の様々な作業改善が進展することにより、一般の建築物への適用拡大が進んでいけば、多くの建築設備の耐震性・耐久性が向上することで災害に強い街づくりの一翼を担うことに繋がるものと考えられる。

【筆者紹介】

井上正親
　　転造ねじ普及研究会
　　JFE継手㈱　商品開発部

竹岡克司
　　転造ねじ普及研究会
　　レッキス工業㈱　商品開発部

山本　健
　　転造ねじ普及研究会
　　ホーチキ㈱　消火グループ　消火システム部

村上壽之
　　転造ねじ普及研究会
　　東洋熱工業㈱　生産管理本部　工事・品質管理部

● 優良技術図書案内

● 初歩と実用シリーズ・マシンビジョン入門

丸地三郎　著　A5判　本文176頁　定価2,520円

お問合せは日本工業出版㈱販売課まで　販売直通03（3944）8001　FAX 03（3944）0389

〔シリーズ：よく解る配管用転造ねじ・地震に強い接合⑦〕
第7回　転造ねじの加工と施工要領

転造ねじ普及研究会　竹岡　克司
Katsushi Takeoka

1．はじめに
このシリーズの第5回のアンケート調査の結果から解かるように、
① 転造ねじ加工機の初期導入費用
② 転造ねじの加工
③ シール剤の問題
④ 施工方法と作業性
⑤ 導入のメリット

等の問題が明らかになってきた。

この結果から、「転造ねじ加工機メーカーが発行している"転造ねじ施工要領書"が配管施工者に対して、十分に施工説明ができていないのではないか」という意見があり、転造ねじ普及研究会では施工要領書の改訂に取り組んだ。

1年3ヶ月の期間、転造ねじ施工要領書の検討を繰り返し、その結果を本誌2013年5月号に発表した。

今回は、転造ねじの施工要領書の解説をする。

2．転造ねじ施工要領書の解説
以下の解説を読むに当たり、必要に応じて"転造ねじ施工要領書"（第1図、第2図）を参照されたい。

2-1　転造ねじの加工
(1) 適応パイプ

転造加工で正確なねじを転造するには、外周上で管の硬さが均一であることが要求される。特に管の電縫溶接部分が硬くなっているとねじの精度に影響がある。JIS G 3452配管用炭素鋼鋼管では、SGP-B・SGP-E-Hは接合部分の硬さの変化が少ないので、転造ねじ加工に適している。また、JIS G 3454圧力配管用炭素鋼鋼管では、STPG370-S・STPG370-E-HのSch40が転造ねじ加工に適している。なお、STPG410やSch60以上の厚肉の管を加工すると、転造ヘッドの寿命を著しく損なう場合があるので推奨できない。

(2) 管の切断作業

転造ねじ加工は塑性変形でねじ山を作るので、施工要領書の表1のように、加工時に管の全長が伸びる。全長が伸びた管で配管の組み立てを行なうと機器の取付け部との寸法が合わなくなり、寸法調整のため、無理やりねじを締め込むと、かじりで漏れが起こりやすい。

したがって、管の切断時にこの伸びを考慮する必要がある。

(3) マシンの設置

ねじ加工時に使用する切削油は転造ねじ加工中の管の中にどうしても入り込む。管のねじ加工部分が上りこう配になっていると管の中をオイルが流れてマシンの外にこぼれ落ちる。この切削油をオイルパンに戻るようにするため、管のねじ加工部分が下りこう配となるようにマシンを水平に設置する（マシンは、水平に設置しても、後部スクロール側が高くなるように設計されている）。

(4) 真円加工

転造ねじ加工では、ねじ加工前に真円加工を行なう必要がある。この理由は、元の管の真円度が悪いとねじの精度に影響し、最悪の場合多

シリーズ：よく解る配管用転造ねじ・地震に強い接合⑦…(2)

REX 転造ねじ施工要領書（白管・黒管用）

転造ねじの加工

適応パイプ
- JIS G 3452 配管用炭素鋼鋼管のなかのSGP-BおよびSGP-E-H
- JIS G 3454 圧力配管用炭素鋼鋼管のなかのSTGP370-S Sch40およびSTPG370-E-H Sch40（65Aはご使用できません。）

パイプ切断
- 転造ねじはパイプの全長が伸びますので表1の伸び寸法を考慮して切断してください。

表1 ねじ加工後の伸び寸法表（mm）※パイプ両端に転造ねじ加工した場合の伸び寸法です。

パイプ径	10A	15A	20A	25A	32A	40A	50A	65A
伸び寸法	1.5	2.0	2.0	3.0	3.0	3.0	3.5	5.0

マシンの設置（図1）
- マシンは水平な場所に設置して下さい。（図1） 平らな場所に設置した場合でも、後部スクロール側が高くなるように設計されています。
- 加工するパイプサイズに合わせて転造ヘッドを取付けてください。

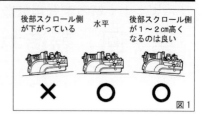

図1

真円加工（図2、図3）
- マシンの電源スイッチⒸを入れ、パイプの回転と共に切削油が出る事を確認してください。刃がパイプに当たった時点Ⓐから、表2を目安にして、送りハンドルⒹを矢印の方向に回してください（図3）。送る速度はパイプ1回転につき2mm程度です。急速な送りは真円加工の刃を傷めたり、真円に加工されず多角ねじになり漏れにつながります。
  （写真1、写真2）
- 真円加工の終了は、パイプの端面がⒷのスクレーパーの奥に当たるまで行ってください（図2）。

⚠注意
- 転造ねじ加工前に必ず管端部を真円加工してください。
- 切削油はREX純正オイル（形式：50W-R、246-R）をご使用ください。

表2 真円加工・送り速度の目安

適用マシンサイズ	ハンドル送り角度	時間（秒）	転造ヘッド
50Aマシン	90°	9	SRH-25A
80Aマシン	90°	16	SRH-50A
100Aマシン	50°	14（高速）	SRH 50A

※上記の時間を目安にして、ハンドルを回してください。

写真1 きれいな仕上り面 ○

写真2 粗い仕上り面（送りが早すぎる） ×

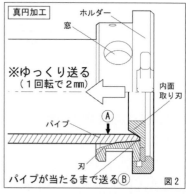

図2

ねじ加工（図3、図5）
- 真円加工のホルダーを起こして、セットノブを矢印の方向に押し込み（図5）、セット（カチッと音がする）した後に送りハンドルを再び矢印Ⓑの方向に回してください。（図3）
そのままパイプ先端を転造ヘッド内のローラに食付かせれば加工が始まります。
食付かせる時は力を抜かず、パイプが3回転するまで保持してください。途中で力をゆるめると、きちんと食付きません。
（パイプのつき出し距離Ⓔは、チャック先端から85mm、65Aは95mm以上出してください。）

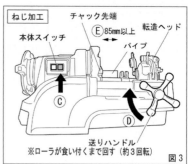

図3

ねじ長さの調整（図4）
- ねじ長さの調整は、次の手順に従ってください。
  ① レバーを手前に引きます。
  ② 調整レバーのボルトを付属の棒スパナでゆるめます。
  ③ 調整レバーをスライドさせ、ねじ長さの調整を行います。
  　（1目盛で約1山分の長さ調整が可能です。）
  ④ 調整レバー位置を調整後、ボルトをしっかりと締付けます。
  　（工場出荷時の基準位置は図4の通りです。）

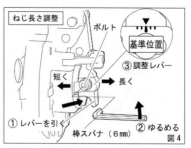

図4

ねじ径の調整（図5）
- ねじ径の調整は、次の手順に従ってください。
  ① オープン位置でボルトⒻ、Ⓖを付属の棒スパナでゆるめます。
  　（SRH-10A・15A・20AはボルトⒼはありません。ボルトⒻのみをゆるめます。）
  ② 調整ノブを回転させ、ねじ径の調整を行います。
  　（1目盛で約1山分の調整が可能です。）
  ③ 調整後は、ボルトをしっかりと締付けます。

⚠注意
- ねじ径の確認は必ずねじゲージをお使い下さい。

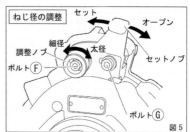

図5

第1図　転造ねじ施工要領書

転造ねじのチェック

- 目視によるねじのチェックを行ってください。（図6～10、表3、表4）
  （仕上がり表面は、めっき層の上から転造加工するためザラついて見えますが問題はありません。）

表3 ねじ山数の確認

ねじ径の確認（ねじゲージをお使いください）

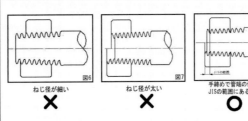

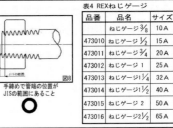

表4 REXねじゲージ

品番	品名	サイズ
	ねじゲージ 3/8	10A
473010	ねじゲージ 1/2	15A
473011	ねじゲージ 3/4	20A
473012	ねじゲージ 1	25A
473013	ねじゲージ 1 1/4	32A
473014	ねじゲージ 1 1/2	40A
473015	ねじゲージ 2	50A
473016	ねじゲージ 2 1/2	65A

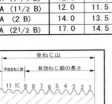

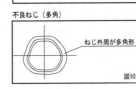

不良ねじ（多角）

転造ねじの接合

準備

- 脱脂処理を必ず実施してください。
  （脱脂が不良だと、シール剤の効果を損なうことがあります。）
- 白ガス管はねじ加工後、管内面の亜鉛めっき層がはく離する場合があります（写真3）。
- めっき層がはく離した場合は、次の処置を実施して必ず防錆して下さい。
  ① はく離部分をカッターナイフ等で除去する。
  ② 除去した部分を脱脂剤などで脱脂を行う。
    （脱脂剤は有機溶剤と可燃性ガス含有のため火気厳禁のこと）
  ③ 防錆塗料（日本ヘルメチック No.30-Vなど）をよく撹拌し、刷毛／スプレーでタレ・ムラ・固まりなどの凸凹ができないように塗布する。
- 管端部内側のバリ・カエリなどが残っているときは、リーマ、スクレーパ等で除去してください。
- ねじ加工した部材の長さを確認してください。（ねじ加工で管の全長が伸びています。）

写真3 内面はく離状態

管の接合

- 切削ねじと混用しないでください。転造ねじ専用ニップルを使用してください。
  （転造ねじは切削ねじより高強度ゆえ、地震時等に切削ねじ部に応力が集中します。既製品ニップルは使用しないでください。）
- 共締めはしないでください。
- 給水・排水・空調配管・消火には、転造専用シール剤をお使いください。
  （蒸気管・高温水管・油配管については当社にご相談ください。ガス配管は、ガス会社指定シール剤をご使用ください。）
- フッ素系シール剤付き継手をお使いいただくと締め付けトルクが小さくなるため、締め込み作業が軽減できます。
- 締め込みの管理は、必ず手締め後の締込み山数で管理してください。
  （表5を参考に。残り山数管理は不可です。図14のように手締め終了時にマーキングするとやりやすくなります。）
- 締め込みは適切にお願いします。次のような締め込み作業は漏れにつながります。

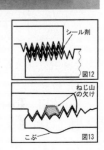

1）締め込み不足（図12）	2）締め込み過多（図13）	3）締め戻し
締め込みが不足しても、シール剤が一時的に止水して漏れない場合がありますが、経年で漏れにつながります。	過度な締め込みは、ねじ山に部分的な焼き付きが発生し、漏れにつながります。	一度締め込んだねじを角度調整のために緩む方向に戻すと、漏れにつながります。

表5 締め込み山数

管の呼び方		手締め後の締め込み山数
A	B	
10A	3/8 B	1.5
15A	1/2 B	1.5
20A	3/4 B	1.5
25A	1 B	1.5
32A	1 1/4 B	1.5
40A	1 1/2 B	1.5
50A	2 B	2.0
65A	2 1/2 B	2.5

表6 転造ねじ用シール剤

品名	REX転造シールZT
品番	250600
用途	給水・排水・空調配管・消火

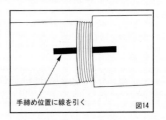

第2図　転造ねじ施工要領書

角ねじとなり漏れにつながるからである。管の真円度が悪くなる要因は、運搬時に起こる落下や振動で、管が変形してしまうことである。加工前に管を検査し矯正できないため、転造ねじ加工の前に表面の真円加工が必要となる場合がある。

真円加工は、管が1回転するごとに2mm程度の送り速度が適切である。写真1(a)が適切な送り速度で加工した場合で、同時にテーパー加工もできる。写真1(b)は力任せに送り込んだ場合である。未加工の表面が残り、真円度が出ない異常な仕上がりとなり、転造ねじの加工時に多角ねじとなる（第3図）。

(a) 正常な仕上がり　　(b) 異常な仕上がり

写真1　真円加工の仕上がり例

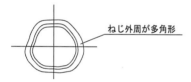

第3図　不良ねじ（多角ねじの模式図）

(5) ねじ加工

ねじ加工は転造ローラが管に喰いついて加工が始まる。ねじの喰いつきを良くする為に、切削ねじ加工に比べて、転造ねじ加工では強めに送りハンドルを回す必要がある。また、確実に喰いつくまで力を弱めてはならない。転造ヘッドは自動定寸機能により常に一定のねじ長さの加工ができるため、適切に喰いつけば自動で加工が終わる。

2-2　転造ねじのチェック

(1) ねじ長さ

転造ねじのねじ山数は、切削ねじに比べて不完全ねじ部の長さが長くなっているので、全ねじ山数も多い（第2図"転造ねじ施工要領書"の表3参照）。

転造ヘッドの各部品の磨耗などにより全ねじ山数が変わるときは、施工要領書のねじ長さの調整の項目に沿って、全ねじ山数の調整を行なう必要がある。

(2) ねじ径の確認

ねじの有効径は、必ずねじゲージを使って確認する必要がある。ソケットなどの継手を使って有効径の確認をしてはならない。JISでは継手の許容範囲はおねじの許容範囲よりも大きくなっているので、JISの継手であっても、これをゲージ代わりに使うことはできない。

加工する管の硬さや肉厚によって、ねじ径調整ねじの位置が同じでも、切り上げた有効径が変わる場合がある。鋼管メーカーや管種（SGP・STPG）が変わった場合、ねじの有効径の確認が必要である。有効径が許容範囲内にないときは、施工要領書のねじ径の調整の項目に沿って、ねじ径の調整を行なう必要がある。

(3) 不良ねじ（多角）の確認

転造ねじでは、切削ねじで発生するねじ山の欠けややせは無いが、多角ねじが発生する場合があり触手または目視による検査が必要である。

真円加工が正確にできていない場合に、第3図のような多角ねじになる場合があるので、手で触る、あるいは光の反射を利用してねじを見るなど多角ねじになっていないことの確認が必要である。

(4) 管内面のチェック

写真2は転造ねじ加工により白管内面の亜鉛めっきがはく離した状態である。これは、転造

写真2　白管内面のめっきはく離

ねじ加工で管が内径側に圧縮され、ここにめっきのたまりがあった場合に起きやすい。転造ねじ加工の後、このようなはく離が無いことを確認する必要がある。

亜鉛めっきのはく離、浮きが見られる場合は、その部分をカッタナイフなどで取り除き、防錆塗料で補修する必要がある。

2-3 転造ねじの接合

(1) 切削ねじとの混合使用

転造ねじで配管を行う場合、すべての管を転造ねじ加工とする必要がある。このシリーズの第5回のアンケート調査結果では、転造ねじを採用した配管系統であっても、切削ニップルを使用している場合が、57%（市販ニップルと切削加工品の合計）にもなる。転造ねじによる配管に切削加工の管が混在すると地震などで大きな揺れが発生した時には断面積の小さい切削ねじ加工部分だけ応力が大きくなるため、当該部分で破断するおそれがある。これは、全て切削ねじで施工した場合より力が分散しないので、転造ねじと切削ねじの混合使用は避けるべきである。

(2) 準備（ねじ部の脱脂）

転造ねじの加工では切削油を使用するため、でき上がったねじには切削油が付着している。脱脂が不十分であると、シール剤の効果が十分に発揮されない場合があり、漏れの原因となる。

脱脂の方法として、溶剤で拭く方法がある。水溶性の切削剤を使用している場合は水洗いも可能である。

(3) シール剤

転造ねじ専用シール剤は、締め込み時の摩擦係数を小さくなるようにしたシール剤である。転造ねじにこのシール剤を使用すると、締め込みトルクが切削ねじとほぼ同じになる。現行の転造ねじ専用シール剤の用途は給水・排水・空調（85℃以下）・消火に限られる。蒸気・高温水・油・ガスなどの場合には、用途に合った切削ねじ用のシール剤を使用することになるが、締め込みトルクが大きくなり作業性が悪くなる場合がある。蒸気・高温水・油・ガスなどの用途に適した、新たな転造ねじ用シール剤の開発が必要である。

(4) 締込み

締込みは、管用テーパーねじの締込みの基本に沿い、手締め後の締込み山数で管理するのが良い（転造ねじ施工要領書の表5）。

32A以上のサイズは、切削ねじに比べて締付トルクが大きくなる。転造ねじ専用シール剤を使用すると締付が軽くなり作業性が良くなる。また、フッ素系シール材付き継手を使用するのも締付トルクの軽減に有効である（写真3）。

写真3　フッ素系シール剤付き継手

残りねじ山数による締込み管理は、ねじのばらつきにより、締込みすぎや締込み不足がおこり、漏れが発生するおそれがある。また、締付トルクによる管理も転造と切削の違い、シール剤の潤滑性の違いにより、締込み量が変わるので推奨できない。

3．おわりに

現在の転造ねじ施工要領書は、転造ねじ普及研究会の監修を受け、ユーザー側から見てわかりにくい部分が指摘され改訂することで、より解かりやすいものに生まれ変わった。今後の普及活動で使用し、正しいねじの施工の啓発となれば幸いである。

<参考文献>
(1) 転造ねじ施工要領書，レッキス工業㈱

（筆者紹介はp.52参照）

[シリーズ：よく解る配管用転造ねじ・地震に強い接合⑧]
第8回 転造ねじを使いやすくする シール付き継手

転造ねじ普及研究会　大橋　一善
Kazuyoshi Oohashi

1．はじめに

本シリーズにおいて前回までに、転造ねじは強度、気密性、耐震性、耐食性、環境性に優れているという説明をしてきた。多くの利点がある転造ねじではあるが、この転造ねじによる接合は切削ねじによる接合に比べて締付けトルクが高く、作業者の負荷が大きくなる傾向がある。熟練作業者が減少している昨今、作業負荷が大きくなるようなきつい施工法は敬遠されている。

この問題点の解決として、締付けトルクを低減させる転造ねじ専用シール剤の使用や、潤滑性の高いフッ素系のシール材を継手めねじ部に予め塗布したシール付き継手の使用がある。

本稿では、転造ねじの締付けトルクを低減でき、かつ現場でのシール剤塗布作業も省略することのできるシール付き継手について紹介する。

2．シール付き継手とは

シール付き継手とは、フッ素系のシール剤を継手のめねじ部に予め塗布した継手である。この継手は、フッ素系シール剤の潤滑性により締付けトルクが低減され、これまで作業者の経験に依存していた面倒なシール剤の塗布作業が省略でき、スピーディかつ確実に接続できるといった特長がある。

シール付き継手（10k白継手）の仕様を以下に示す。

＜適用管種＞
JIS G 3452　配管用炭素鋼鋼管（SGP）
JIS G 3442　水配管用亜鉛めっき鋼管（SGPW）

＜適用流体＞
水（飲料水を除く）／冷温水／空気／ガス／油

＜母材材質＞
JIS G 5705　可鍛鋳鉄品に規定される黒心可鍛鋳鉄品　FCMB27-05

＜ねじ＞
JIS B 0203　管用テーパねじ

＜シール材＞
フッ素樹脂

写真1

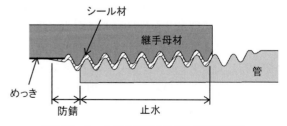

第1図　シール付き継手の外観と断面概要図

3. シール付き継手の特長
3－1 施工負荷の低減
シール付き継手のトルク低減効果を確認するために、標準トルクで締付けた際のねじ込み量を測定した。なお、比較対象として、「一般白継手＋ペースト状シール剤」についても実施した。

第2図にねじ込み量測定結果を示す。シール付き継手はシール材の摩擦低減作用により、「一般白継手＋ペースト状シール剤」と比較して、締付けトルクの軽減作用が確認できた。また、一般継手における転造ねじ施工は切削ねじに比べてねじ込み量が少なくなる傾向があるのに対して、シール付き継手においては、転造ねじと切削ねじのねじ込み量が同等であり、転造ねじにおける施工負荷を低減させられるとともに、切削ねじと同等の感覚でねじ込むことができることを確認した。

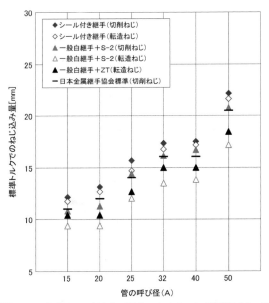

注) ペースト状シール剤として日本ヘルメチックス㈱製のS-2、及び転造ねじにはレッキス工業㈱製の転造ねじ用シール剤「ZT」を使用した。

第2図　標準トルクにおけるねじ込み量

なお、ここで記載したデータは、当社社内試験における測定値であり、ねじの状態によって結果が変わることがある。

3－2 優れた施工性
シール付き継手と一般白継手＋ペースト状シール剤について、転造ねじとの接合における1口当りの施工時間を計測した結果、ペースト状シール剤を塗布する作業を省略できる分、全てのサイズにおいてシール付き継手の方が15%以上ねじ込みに要する時間を短縮できることを確認した（写真2）。

写真2　シール剤の塗布作業

3－3 シール材の均一な塗布
施工現場でシール剤を塗布する場合、塗りムラがあるとシール層の内部に空洞ができ、ねじ接合時の漏水やねじむしれに繋がることが懸念される。

これに対してシール付き継手は、工場内の管理された設備を用いて継手にシール材を塗布しており、塗布状態は安定している。これにより、現場での塗布のように作業者による品質のばらつきは発生せず、前述のような締付けトルクの低減と安定した品質が期待できる。また、ねじ奥までしっかりとシール剤が塗布されているため、配管内部に鉄地が露出することはなく、ねじ奥部分の錆の発生も抑えられる。

4. 転造ねじ＋シール付き継手の基本性能
シール付き継手は、転造ねじおよび切削ねじとの接合において、JIS B 2301で定められた性能基準を満足している（第1表）。

第1表 転造ねじ＋シール付継手の基本性能

評価項目		評価内容	合否	引用規格
漏れ検査	評価方法	0.5MPaの空気圧を加える	合格	JIS B 2301
	合格基準	漏れのないこと		
耐圧検査	評価方法	2.5MPaの静水圧を1分間保持	合格	
	合格基準	破壊、漏れなどの異常がないこと		

5．シール付き継手使用上の注意

シール付き継手は転造ねじに適した継手ではあるが、正しく使用しないと本来有する性能が発揮されない。シール付き継手を使用する際は、次のことに注意して施工する必要がある。

① シール付き継手の再施工・再使用は行わないこと。
② おねじに打痕やバリがある状態でシール付き継手にねじ込むと、シール材を剥離する可能性があるので、おねじの状態には注意すること。
③ ねじ部に付着した砂やほこりなどの異物は除去してからねじ込むこと。
④ 保管の際は、砂、ほこり、紫外線を避けるよう室内に保管すること。やむを得ず野外に保管する場合には、直射日光や雨を避けるため、ダンボールの蓋などを覆いかぶせること。
⑤ シール付き継手はねじ込みトルクが軽いため、ねじ込み過ぎに注意が必要である。
⑥ エステル系溶剤（酢酸エチル、酢酸ブチル等）、ケトン系溶剤（メチルエチルケトン、メチルイソブチルケトン等）を含むシール剤は、シール付き継手のシール材に劣化等の悪影響を及ぼすおそれがあるため、併用しないこと。

6．おわりに

強度、気密性、耐震性、耐食性、環境性に優れた転造ねじの課題である"締付けトルクの低減"は、シール付き継手を使用することで解決できることを確認した。

また、ねじ込み配管においてシール剤を使用する場合、必要な止水性能を発揮させるには、シール剤の有効期限や異物混入防止などの保管管理や、塗布量、塗布方法の管理など、多くの管理が必要となる。これに対してシール付き継手は、少ない管理で安定した品質を得ることができる。

多くの利点がある転造ねじが、シール付き継手と共に今後普及していくことを期待している。

【筆者紹介】

大橋一善
　転造ねじ普及研究会
　シーケー金属㈱　取締役　技術・開発部　部長

● 優良技術図書案内
● 新版　バルブ便覧
　㈳日本バルブ工業会　編　B5判　888頁　定価10,000円（税別）
　お問合せは日本工業出版㈱販売課まで　販売直通 03(3944)8001　FAX 03(3944)0389

〔シリーズ：よく解る配管用転造ねじ・地震に強い接合⑨〕

第9回 大震災と転造ねじの公共建築標準仕様化及び採用事例について

転造ねじ普及研究会　井出　浩司・大西　規夫
Hiroshi Ide　　Norio Ohnishi

1. はじめに

　転造ねじ接合は、地震に強く、折れにくく漏れにくい接合法であることから阪神・淡路大震災をはじめ、新潟県中越地震、東日本大震災などの地震発生の度に、効果的な耐震工法の一つとして注目され、その後の配管工事において検討され採用されてきた。本稿では大震災発生後の業界団体や関係メーカーの対応と公共建築工事標準仕様書、国土交通省監修状況、転造ねじに関する認知活動、採用事例（建築物件）などについて述べる。

2. 阪神・淡路大震災発生と日本水道鋼管協会の対応

　1995年1月に阪神・淡路大震災が発生したが、その後、各種ライフラインをはじめ建築、設備、配管等の被害状況が徐々にあきらかになっていった。

　兵庫県としても、県施設として管理している建物を中心にその被害状況を調査し、その結果を公表したのは4月頃である。

　日本水道鋼管協会（以下WSPという）では、その情報をいち早くキャッチするとともに、兵庫県住宅都市部設備課と連絡を取り、同年4月～5月には同設備課を訪問して、配管被害の全貌を確認することができた。その中で目立ったのは、配管接合部の破損であり、特に鋼管や樹脂ライニング鋼管のねじ部（切削ねじ）の破断やひび割れ等の損傷であった。

　この当時、ねじ切機メーカーであるレッキス工業は、耐震強度をアップする転造ねじ加工機の開発（ポータブルな専用マシン）に成功し、WSPもこの画期的なねじ加工技術に着目して早速、兵庫県に持ち込み、意見交換を行うこととなった。

3. 兵庫県とWSPとの合同協議

　当時兵庫県としては、今後とも鋼管のねじ接合を継続するべきかどうか不安を感じている状況であったが、転造ねじの登場によって状況は一変したと言ってもいいだろう。オーバーな言い方をすれば、配管接合に関する「救世主」が現れたのであり、その後2～3年かけて兵庫県とWSPとの間で転造ねじ接合についての合同会議が行われた。検討テーマは

① 配管用炭素鋼管（白管）に転造ねじ加工を施したあとの、亜鉛めっきのはく離の有無確認と防食補修方法の検討。

② 水道用ポリエチレン粉体ライニング鋼管に転造ねじ加工を施したあと、管端防食継手をねじ込んでかん合（はめあい）状況を確認する。

の2点であった。

　1998年には上記の課題もクリアーして、いよいよ採用段階に進むこととなった。そして、兵庫県が発注する大型建築工事を中心に、耐震施工の一環として転造ねじが相次いで採用されることとなった。その代表的な採用事例が阪神・淡路大震災メモリアルセンター（2002年）で、この物件では給水設備をはじめとする各種配管

が転造ねじで施工され注目されることとなった。なお、2002年以降の兵庫県との対応や一般ユーザーとの転造ねじ対応は、メーカーグループ（鋼管及び継手メーカー、レッキス工業）中心に推進されることとなった。

4. 公共建築工事標準仕様書への織り込み活動推進

当時、転造ねじを世に広め、建築設備業界への普及促進の動きを加速するために最も重要な活動は国土交通省監修（当時は建設省）の公共建築工事標準仕様書に耐震工法の一つとして反映してもらうことであった。

WSPでは阪神・淡路大震災発生以来、国土交通省官庁営繕部に状況報告をするとともに、転造ねじ加工機を持ち込んで施工実演講習会も開催した（1996年～1997年）。その結果、平成9年版公共建築工事標準仕様書の配管工事（鋼管の接合）の中で、鋼管ねじ加工は「自動切り上げ装置付ねじ切機による」との規定から「自動定寸装置付ねじ加工機による」との規定に代わり、切削ねじでも転造ねじでも自由に選択できることとなった。

さらに平成22年版公共建築工事標準仕様書（機械設備編）においては、さらに進化して「50A以下のポリ粉体鋼管と管端防食継手とを接合する場合は転造ねじで施工しても良い」との規定が織り込まれることとなった。

結果として、転造ねじの配管適応範囲は、従来の消火、空調配管だけではなく、給水（上水、雑用水）配管にも適応可能となった（写真1）。

又、平成25年版の機械設備工事監理指針のねじ接合の頁には転造ねじと切削ねじとパイプマシンの図・写真が掲載されることとなった（第1図）[2]。

5. 新潟県中越地震等と東日本大震災の発生

新潟県中越地震発生直後から新潟県土木部都市局営繕課に対しては、メーカーグループ（JFEスチール、旧住友金属工業、レッキス工業）で転造ねじ採用に向けての活動を開始した。当初は県も慎重な構えであったが、一般の鋼管（白管、黒管、スケジュール管）だけでなくポリエチレン粉体ライニング鋼管への適用も可能であることが確実となってから、採用の機運が盛り上がり、2006年あたりから本格的に採用が始まった。その第一号は県立高田高校で、給水配管と消火配管に転造ねじが導入された。最近では県立魚沼基幹病院の建設工事（空調配管）に採用されている。

写真1　ポリ粉体鋼管と転造ねじ採用事例

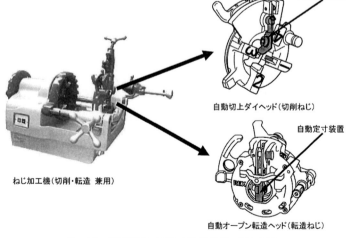

第1図　機械設備工事監理指針掲載の図と写真
（出典：公共建築協会．平成25年版 機械設備工事監理指針より引用）

一方、2011年3月に発生した東日本大震災においても、ねじ接合部の破損が多数生じており、転造ねじにかかわるメーカーグループとしても地元官公庁、設計事務所、総合建設業、設備工事業に対して注意を喚起し、耐震施工の一環として転造ねじ接合を導入し、給水管にはポリ粉体鋼管を採用してもらうべく積極的なアプローチを推進中である[3]。

最近では、阪神・淡路大震災時の兵庫県や中越地震の新潟県の様に転造ねじを採用する事業体が、東北（宮城県や仙台市）にも徐々に現れる様になってきた。転造ねじにかかわるメーカーグループとしては、今後とも、より一層の採用促進活動が重要である。

6．転造ねじの採用状況と今後の課題

6－1 転造ねじ施工関係者向け説明会

レッキス工業は、転造ねじ普及研究会が2011年に、配管施工者を対象に実施したアンケート調査結果[4][5]を基に、ご意見を纏め、転造ねじ普及委員会が監修した施工要領書を使用し、転造ねじの留意点を説明している。

説明会でご案内している12項目（留意点、切削ねじと転造ねじの違い）を下記に示す。

① 転造ねじと切削ねじの違い
② ねじ加工機のマシン診断
③ メーカー作成の施工要領書

写真3　配布資料説明

④ 切断機の注意点・斜め切断
⑤ 加工後の伸び寸法
⑥ 転造ヘッドの正しい使用方法
⑦ 転造ねじは切削ねじより1山長い
⑧ 加工後のねじの良否判定
⑨ ねじの確認・目視・触手・ねじゲージ・内面
⑩ シール剤の選定
⑪ 締め込みトルクの違い40A、50A、65Aは高い
⑫ 受講証明書の発行・連絡先の確認

転造ねじ採用時は説明会を開催し、配管施工者様の使用されているねじ加工機の整備状況の確認や点検、正しい使用方法『切断時の注意点・電圧・オイル・加工後伸び寸法、大径（40A・50A・65A）の締め込みトルクが大きくなる』等の注意点を認識していただき、切削ねじと転造ねじの施工時に活かせる周知会を配管施工者様に加工場や現場にて実施している。

6－2 転造ねじ採用状況

耐震性については、建物の重要度に応じて耐震性のグレード分けを行うという考えが提案されている。第1表に空気調和衛生工学会シンポジウムで提案された耐震グレードの考え方を示す[6]。防災拠点となる重要施設には最高の耐震性であるSグレードが要求される。

写真2　説明会用機材

第1表 耐震グレード定義

耐震グレードS	
適用施設の種別	・災害時に復旧のための緊急機能を発揮すべき防災拠点などの中枢施設や特別重要施設 ・民間でも市民生活に与える影響が大きい施設や重要施設等
具体的施設等	① 市役所や消防・警察・病院などの行政機関の中枢施設 ② 民間企業の中枢施設 ③ 社会的影響大きい超高層建築等
被害概要	被害程度は、特定設備機能の約5%以下
耐震グレードA	
適用施設の種別	・災害時に緊急対応機能を発揮すべき行政機関などの施設や耐震グレードSに準じる施設
具体的施設等	① 災害時に緊急対応機能をすべき行政機関の中枢施設 ② 大型集合住宅
被害概要	被害程度は、特定設備機能の約10%以下
耐震グレードB	
適用施設の種別	・法準拠の一般的な施設
具体的施設等	一般的な事務所建築や集合住宅、工場、倉庫、などの施設
被害概要	被害程度は、特定設備機能の約80%程度

（出典：空気調和・衛生工学会）

転造ねじ採用が増えている公共建築物の中でも特に注目されるのが、文部科学省が推進している全国耐震地震補強工事である。小・中学校は、地震災害時の避難場所に指定されているケースが多く、ライフラインの確保は重要な課題である。そのため建築設備の耐震補強工事において、転造ねじが採用されるケースが増えている。学校に限らず、今後、耐震性を要求される建造物には重要な技術となり、今後の採用拡大が期待されるものである。採用の多い都道府県は、北海道、青森県の、高等学校、市町村の小・中学校である。公共工事の総合評価落札方式で、設備業者からの技術提案が多い。施主からの意向でねじ配管は転造ねじと特記事項されている物件もある。大型物件で採用が多いのは、商業複合施設と病院（大学付属病院・地域医療支援総合センター）である。

商業複合施設では、開発業者からの指定（建物価値の向上・高品質で他社との差別化・お客様に安心安全の提供）などである。

病院では、医療機関への補助制度を利用しての建替え工事で転造ねじの採用が多い。

転造ねじ採用現場で実施している施工講習会で、発注元（官民区別・採用地区・系統・施工業者・受講者名）等を確認している、受講者には転造ねじ受講証と受講シールを配布している。2005年から転造ねじの採用がはじまり現在は、1,000物件を越えた。2010年から2013年までの採用状況を採用物件（講習会実施物件約300件）の、全国地区別採用比率、官民採用比率、物件用途別比率を（円グラフ）で示す。

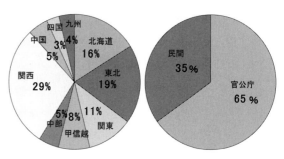

(a) 転造ねじ採用地区別比率　(b) 官民採用比率

第2図　最近の採用状況（2010〜2013年）

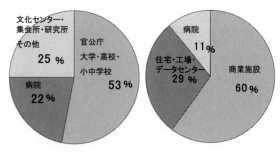

(a) 採用：官公庁物件　(b) 採用：民間物件

第3図　最近の採用状況（2010〜2013年）

6-3 地区別・採用物件一例

(1) 北海道
社会保険庁宿舎改修	給水
屯田北地区児童会館	給水
東札幌小学校	暖房
札幌市立児童心療センター	暖房
市立根室病院	給水
別海町立病院	給水

(2) 東北地区
仙台第三法務局合同庁舎	空調　消火　給水
八戸市民病院周産期施設	空調　消火　給水
釜石市災害公営住宅	給水
天童市立第一中学校	暖房　給水
青森県立森田養護学校	暖房　給水
青森県立六ヶ所高等学校	給水　消火

写真4　仙台第三法務局合同庁舎

(3) 関東地区
新中央合同庁舎2号館	空調
東京駅改修	空調
JFEスチール千葉新寮	給水
NHKホール機械室	空調
国立癌研究所	空調
国立感染症研究所	空調
朝霞膝折第二団地改修	給水
辻堂団地改修	給水

(4) 甲信越地区
高田高校新校舎	ガス　給水　消火
山梨県立図書館	空調　消火
山梨新合同庁舎	空調
村上警察署	給水　消火
新潟県立大学	給水　消火
金沢商業高校	暖房　ガス　給水　消火
金沢市立田上小学校	暖房　ガス　給水

写真6　新潟県立高田高校新校舎

写真5　新中央合同庁舎2号館

(5) 中部地区
名古屋財務大学校改修	給水
浜松市新活動拠点	給水
長泉町多目的健康施設	空調　消火
名古屋医師会館	消火
愛知臨海病院	空調

(6) 関西地区
大阪梅田再開発B工区	空調　消火
中ノ島大型Fタワー	空調　消火
京大ips細胞研究拠点施設	空調　給水　消火
理化学スパコン	空調　消火
京大物質総合研究棟	給水　消火
兵庫県立美術館	空調　消火
西宮芸術文化センター	空調　消火
和歌山小・中学校耐震改修40校	給水　消火

写真7　梅田再開発B工区

写真10　香川大学付属病院

東大阪小・中学校消火配管改修20校　　消火
兵庫県立あわじ病院　　　　　　空調　消火
阪神・淡路大震災メモリアルセンター
　　　　　　　　　　　　　　　空調　消火

(8)　九州地区
長崎大学付属病院　　　　　　空調　消火
九州大学伊都キャンパス　　　空調
福岡子供病院　　　　　　　　燃料
北九州ドーム　　　　　　　　空調

写真8　阪神・淡路大震災メモリアルセンター

写真11　長崎大学付属病院

写真9　京都大学iPS細胞研究拠点施設

6-4　需要家からの要望と課題
① 平成22年版の公共建築工事標準仕様書からねじ接合100Aまで使用可能となった。現在、転造ヘッドの販売は65Aまでであるが、加工管の使用よりコストダウンと納期短縮ができる転造ねじ加工ヘッド80A・100A製品化の要求も多くなってきている。ガス事業者からは、溶接接合で必要なレントゲン検査が削減できコストメリットのある、転造ねじ80A・100Aの要求もある。
② 大都市部の大規模物件でのねじ配管部材（切削ねじ）は、プレハブ工場での加工管の採用が多く、納期短縮とコストメリット

(7)　中四国地区
香川県立病院　　　　　　　　空調
香川大学付属病院　　　　　　空調
岡山大学付属病院　　　　　　空調
鳥取大学付属病院手術室　　　空調　消火
鳥取大学付属小・中学校　　　給水　消火
徳島特別支援学校　　　　　　　　　消火

を出している。系統は空調配管の冷温水・冷却水、衛生設備配管の消火配管での採用が多い。転造ねじでのプレハブ化で『切削ねじと同等の納期短縮コスト』メリットが出るプレハブ加工機の製品化の要望が有る。地方では小規模・中規模物件で空調配管の暖房配管、衛生設備配管の消火配管、給水配管での採用が多い。配管施工者が現場加工や自社の加工場、まれに同業者に加工依頼していることもある。

③　転造ねじの普及促進には、切削ねじ加工機と同等の加工能力が有る高速回転タイプで、面取り作業性、食い付きが軽い作業性の良い加工機、コストメリットの有る2サイズ転造ヘッド、転造ねじ専用用途別シール剤の早期製品化を熱望する需要家からの声も大きくなっている。

7．おわりに

2014年8月からは、転造ねじ普及研究会が監修したPR小冊子を活用し、認知説明会と現場施工説明会での周知徹底を図り活動を継続している。

＜参考文献＞
(1) 日本水道鋼管協会小径部会技術委員会："阪神・淡路大震災における集合住宅の設備配管被害調査報告書"（1995年）
(2) 公共建築協会："機械設備工事監理指針"（2013）
(3) 井出浩司：建築設備と配管工事, Vol.51, No.6, pp.33-38（2013）
(4) 竹岡克司・他：空気調和・衛生工学会学術講演会，講演論文集2012，No.2, pp.1203-1206（2012）
(5) 飯田　徹・他：空気調和・衛生工学会学術講演会，講演論文集2012，No.2, pp.1207-1210（2012）
(6) "建築設備の耐震機能・計画（案）"，空気調和・衛生工学会シンポジウム（2005）

【筆者紹介】

井出浩司
　　転造ねじ普及研究会
　　第一高周波工業㈱　パイプ事業部　顧問
　　（IDE研究所代表）

大西規夫
　　転造ねじ普及研究会
　　レッキス工業㈱　営業統括本部
　　グループリーダー

[シリーズ：よく解る配管用転造ねじ・地震に強い接合⑩]

第10回 「よく解る配管用転造ねじシリーズ」を終えるにあたって

転造ねじ普及研究会　**松島　俊久**
Toshihisa Matsushima

　はじめに、この度の転造ねじのシリーズを2月から掲載して頂き、出版の関係者並びに執筆して頂いた転造ねじ普及研究会のメンバーに感謝いたします。

　このシリーズは、転造ねじ普及研究会の活動の一環としてまとめたものである。3年前の東日本大震災を経験し、耐震に対する考え方が、クローズアップされて耐震のマニュアルや指針が見直しされている。その中で、配管のねじ接合で、切削ねじより強度が高い転造ねじが注目されてきた。鋼管用転造ねじの歴史は、（シリーズ連載第1回　2月号）のようにかなり古いが、普及については、汎用接合とは言い難い状況であった。しかし、転造ねじ加工メーカーや鋼管メーカーにより普及活動が継続的行われ、今では、1,000件を超える実績となっている。第1表に今回のシリーズの連載タイトルとコラムのリストを示す。

　ねじの歴史（シリーズ連載第4回　5月号）は昔から当然のように使用されているが意外にねじの性能、メカニズムは解っているようで解っていないことが情報を集めれば集めるほど解ってきた。

　例えば、ねじを締めるトルク値は、何の規格からできたのかルーツを調べるとよく解らない。ルーツが解らないと根拠は曖昧になる。切削ねじから転造への性能評価が難しくなり、大変重要なポイントになる。その結果、転造ねじの締め付けトルク値が決められない。そのため、切削ねじのトルク値に近づけようと専用シール剤やプレシール継手などが考えられている。

　また、トルク値ではなく、締め付け山数という基準もある（シリーズ連載第9回　11月号コラム）。切削ねじと同じ締め付け山数であると、トルク値は大きくなり、締め込み難いとか、かじりやすいという状況がアンケート（シリーズ連載第5回　6月号）で確認され、これらが曖昧のため、普及していないと考えられる。そこ

第1表　シリーズ：よく解る配管用転造ねじ・地震に強い接合　掲載リスト

シリーズ	掲載月	タイトル～サブタイトル～	コラム
第1回	2月号	転造ねじとは よく解る配管用転造ねじ～地震に強い接合～	ねじ加工工具と加工機の変遷
第2回	3月号	転造ねじの特長(1) ～転造ねじの強度～	プレハブの実態
第3回	4月号	転造ねじの特長(2) ～転造ねじの耐久性、耐食性、環境性～	転造加工におけるパイプ内径の縮径による影響
第4回	5月号	ねじの歴史	鋼管について
第5回	6月号	配管施工者から見た転造ねじ ～施工者へのアンケート調査結果から～	管継手について
第6回	7月号	コストスタディ	転造ねじ専用シール剤の基本
第7回	8月号	転造ねじの加工と施工要領	ねじ締込みの基本
第8回	9月号	転造ねじを使いやすくするシール付き継手	ねじのかじりについて
第9回	11月号	大震災発生と転造ねじの公共建築工事標準仕様書への反映及び採用事例	残りねじ山管理の問題

で、転造ねじ普及研究会では、統一した施工要領書を作成した（シリーズ第7回　8月号）。

最近、予め、めねじにシールしたプレシール継手（シリーズ連載第8回　9月号）が販売されている。これを使用すると転造ねじでかじりや締め込み難いということは解消される。しかし、各継手メーカーが販売しているが、業界規格が整備されていない。

また、転造ねじを採用するに当って、ニップル継手において不具合なことが発生することも解った。それは、転造ニップルを使用すればよいが、六角ニップルを使用するとその強度が転造ニップルより低いことが実験で明確になった。そのため、対策として、新たな規格ではなくJISの規格として強度を上げることにより解決できるようになり、今後、市場に販売されることで、転造ねじの普及が進むと思われるので、各継手メーカーの対応を期待している。

転造ねじ接合は、シリーズに連載されているように地震に強い接合であることが、大きな特長である（シリーズ連載第2回　3月号、第3回　4月号）。このことをオーナー・設計者・建築会社・設備会社に理解してもらうために今回、PR冊子を作成した。このPR冊子は、地震に強い理由、残り山のねじの耐食性を有すること、加工残渣が少なく環境にやさしいことをPRし、公共建築標準仕様書にも反映されていること、転造ねじが使用できる配管材料を明確にしている（なお、このPR冊子は、レッキス工業から発行されている）。

このように、転造ねじ普及研究会で施工要領書、PR冊子を作成したので、転造ねじの普及に役立てれば幸いである。

今後は、シール剤メーカーにより耐熱シール剤が整備され、工場でのプレハブねじ加工配管が普及してくるものと考える。また、プレシール継手の業界規格の整備も重要と考える。

これらが充実すると転造ねじが今後更に普及することを期待してこのシリーズを終えたい。

このシリーズが転造ねじを理解する場となれば幸いである。

最後に将来、転造ねじに適した耐圧のある薄肉鋼管のJISの規格化と鋼管メーカーによる製品化が進み、省資源に貢献できることを期待する。

また、「転造ねじ普及研究会」の現在のメンバーは、代表幹事：松島俊久（鹿島建設）、幹事：岸川浩史（新日鐵住金）、中田　積（日立金属）、竹岡克司（レッキス工業）、委員：正村克身（KM研究所　元JFEスチール）、宮田志郎（JFEスチール）、樽井章悟（JFE継手）、田中達郎・山本　健（ホーチキ）、横手幸伸（清水建設）、井上和夫（大成建設）、井出浩司（IDE研究所）、井手克則（新菱冷熱工業）、飯田　徹（三機工業）、山崎栄樹（斎久工業）、村上壽之（東洋熱工業）、木村　功（リケン）、大橋一善・橋本好人（シーケー金属）、北田寿美（日本ヘルメチックス）、大西規夫・鎌田　敏（レッキス工業）の総勢22人である。

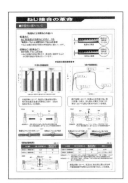

第1図　転造ねじ普及のためのPR冊子

【筆者紹介】

松島俊久
　転造ねじ普及研究会
　（元）鹿島建設㈱　建築管理本部

シリーズ・コラム…(1)

コラム① ねじ加工工具と加工機の変遷

　鋼管のねじ接合に使用する管用テーパねじは、英国のBS規格を参考に1952年にJIS化され（JIS B 0203）、鋼管にねじを加工する工具は高度成長期（1950年の朝鮮戦争後）・（1964年東京オリンピック）に生活環境の基盤設備が進み、公共施設（官公庁・警察・病院・学校等）商業施設、居住用住宅、一般住宅の建設に伴いねじ接合の採用が拡大した。工具メーカーも手動方式のねじ切器を1929年オスタ型4枚刃・1954年リード型2枚刃写真①、ラチェット式オスタ型4枚刃写真②を商品化した（現在配管技能士の試験に使用）。建物のビル化が進むにつれ、ねじ加工機写真⑤も電動化され1954年に150Aまで加工できる加工機が商品化され設備配管の口径拡大と工期短縮、品質向上に貢献した。1960年からねじ加工機本体の軽量化、写真②と手動ダイヘッド写真③（ねじ長さは作業者の技量による）が主流になった。その後、ねじ加工に経験の少ない人でもより安定したねじ山形状、基準径の位置、テーパが規定内にできる自動切上げダイヘッド写真④が1979年に商品化され、ねじ配管の信頼度が高まり、旧建設省の仕様書標準となった。その後、ねじ加工は、現場加工からプレハブ加工が主流になりねじ加工専用システムも商品化した。1999年からねじ加工時の巻き込み防止ブレーキ付が標準装備になった。ねじ接合の品質・環境・耐久性・耐震性の向上を目的として、鉄道車両配管プレハブメーカーが開発した転造ねじ技術を供与していただき1995年に建築設備用として初の管用テーパ転造おねじの専用加工機写真⑥が商品化された。2003年には作業者が多く使用されているねじ加工機に、転造ヘッドを搭載する事で転造ねじ加工ができる

西暦	型式	加工器と加工機
	ねじ切器（手動）	
1929	手動オスタ型	
1954	手動リード型①	
	ラチェットオスタ②	写真①　写真②
	ねじ加工機（電動）	
1954	150Aマシン	
1960	NO2マシン	
	手動DH③	
1967	NO3マシン	写真③　写真④
1971	ボーヤ50	
1979	ガス会社が導入開始	
1990	自動切り上げDH④	
1996	転造専用機⑥	
	プレハブ加工機（全国に加工場設）	
1984	N100Aマシン軽量	写真⑤
1999	S50マシン⑤（ブレーキ付搭載）	
2003	自動開放転造HD⑦	写真⑦　写真⑥

自動オープン転造ヘッド写真⑦が商品化され、建築設備配管に転造ねじの採用が広がっている。

【筆者紹介】

大西規夫
転造ねじ普及研究会
レッキス工業㈱　営業統括本部　グループリーダー
〒575-0948　大阪府東大阪市菱屋東1-9-3
TEL：072-947-2385　　FAX：072-965-9828
E-Mail：onishi@rexind.co.jp

コラム② プレハブの実態

建築設備における鋼管配管は、配管施工図を基にして、工事現場の作業場で可搬式加工機を用いて管切断、ねじ切りを行い、現場合わせによる作業形態であった。

1990年頃から躯体精度の向上に伴い、設備配管のプレハブ化が進み、工期の短縮・施工精度の向上・省力化・産廃の削減（端材処理の不要化）などメリットが評価され、普及が急速に進んだ。

設備配管の工場加工の工程フローを第1表に示す。

第1表 工程フロー

項目	内容	事例
①物件受注	配管仕様の決定	
②配管施工図受領	配管系統図の確認（ブロック化）	第1図
③加工図作成	ブロック決定→加工図	第2図
④管切断	ブロック単位で管切断（番号付）	写真1
⑤ねじ加工	切削加工又は転造加工	写真2
⑥ねじ接合	ねじ接合、防錆処置	写真3
⑦荷揃え	継手仮組、端面保護、現地接続品	写真4
⑧出荷	ブロック毎結束	写真5

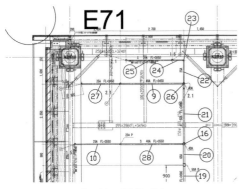

第1図 配管施工図

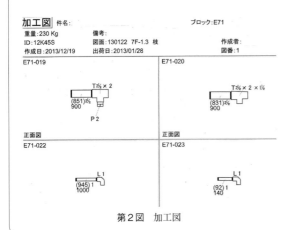

第2図 加工図

最初に、重要な作業として区割り（搬入可能な長さに配管を分割するブロック図E71参照）を決定する。次に、設備会社と協議して壁貫通部や狭隘な場所を考慮し、配管施工図を区分けした加工図に展開する（第1図、第2図）。

写真1 管切断　写真2 ねじ加工　写真3 ねじ接合

加工図には、鋼管に継手を接合した図面を1単位として番号が付され、口径・長さ・継手の向き・端部の仕様などを示した工場の作業指示書となる。

加工工場の各工程では、寸法検査、ねじゲージ検査を実施し、最終の出荷前検査で現品と加工図を照合した後、輸送時、現場搬入時の損傷を防止するため、端部（フランジ接合、ソケット接合又はグルービング接合）は、樹脂キャップやエアーキャップ等の養生を施す。尚、現場で位置合わせを要する場合は、分岐部のチーズは仮組状態で出荷する。

写真4 荷揃え　写真5 出荷

近年、多種多様な管材が使用されるようになってきているが、溶接接合やねじ接合が多く使用される空調配管、消火配管においては、現場の安全面、環境面でもプレハブ化は欠かせない工法として定着している。

【筆者紹介】

井上正親
　転造ねじ普及研究会
　JFE継手㈱ 商品開発部

シリーズ：コラム…(3)

コラム③ 転造加工におけるパイプ内径の縮径による影響

第1表 転造ねじの縮径量

呼び径	10A	15A	20A	25A	32A	40A	50A	65A
加工前の内径 [mm]	12.7	16.1	21.6	27.6	35.4	41.6	52.9	67.9
加工後の内径 [mm]	11.1	14.2	19.7	25.6	33.4	39.5	50.4	64.6
縮径量 [mm]	1.6	1.9	1.9	2.0	2.0	2.1	2.5	3.3
縮径の比率 [%]	87.4	88.2	91.2	92.8	94.4	95.0	95.3	95.1
加工前の断面積 [mm^2]	126.6	203.5	366.2	598.0	983.7	1,358.5	2,196.8	3,619.2
加工後の断面積 [mm^2]	96.7	158.3	304.7	514.5	875.7	1,224.8	1,994.0	3,275.9
断面積の比率 [%]	76.4	77.8	83.2	86.0	89.0	90.2	90.8	90.5

第2表 転造ねじの摩擦損失の計算（ヘーゼン・ウィリアムの式による）

呼び径	10A	15A	20A	25A	32A	40A	50A	65A
加工前の損失圧力 [m]	0.0529	0.0514	0.0378	0.0366	0.0252	0.0243	0.0199	0.0165
加工後の損失圧力 [m]	0.1019	0.0948	0.0593	0.0528	0.0334	0.0313	0.0252	0.0211
損失圧力の差 [m]	0.0490	0.0434	0.0214	0.0162	0.0082	0.0070	0.0053	0.0045

第3表 ポンプ全揚程の計算

計算項目	損失圧力 [m]
配管弁類摩擦損失水頭	18.5
放射圧力	10.0
実揚程	60.2
自動警報弁	5.0
加算水頭	6.0
ポンプ全揚程	99.7

第4表 損失圧力の計算

呼び径	25A	32A	40A	50A	合計
通過するねじの数	8	2	2	2	—
損失圧力 [m]	0.130	0.016	0.014	0.011	0.171

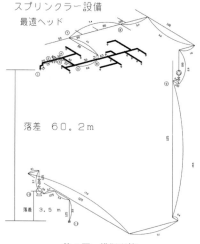

第1図 模擬配管

　管に転造でねじ加工を行なった場合、ねじ部の内径が縮小する。各サイズの縮径量と断面積の変化を第1表に示す。大流量が必要な消火配管で、縮径により設備全体に対してのどのような影響があるかを検討した。

　転造ねじの縮径による損失圧力がどの程度あるかを、ヘーゼン・ウィリアムの式により卓上での計算を行なった結果を第2表に示す。

- 内径が縮小されるねじ部のみを計算する。
- 厳密には、内径の縮径部分で流れが乱れる為、単純な縮径よりも損失圧力は大きくなるが、卓上計算が困難なことと、使用する継手はエルボ・チーズであるので、これらによる流れの乱れの方が大きいと考えられる為、縮径部分での乱れは計算上無視する。

　第1図の模擬配管で、最遠ヘッドでのポンプ全揚程の計算を行なった結果を第3表に示す。

　また、第1図の太線部、50A以下のサイズを転造ねじとし、継手部で転造ねじを通過する時に、縮径による損失圧力を受けるものとして計算したものを第4表に示す。この時の転造ねじ部通過による損失圧力は合計で0.171mとなる。以上の卓上計算の結果より、転造ねじの縮径により損失圧力はあるが、設備全体に与える影響は少ないと考えられる。

【筆者紹介】

竹岡克司
　　転造ねじ普及研究会
　　レッキス工業㈱　商品開発部

コラム④ 鋼管について

1. 鋼管の製法

鋼管は、種々の製法があるが、シームレス鋼管と溶接鋼管に大別される。シームレス鋼管は、ビレットと呼ばれる丸鋼から穴繰り圧延で製管するものであり、溶接継目を持たないことから継目無鋼管と呼ばれる。溶接鋼管は、鋼板を筒状に丸めて、端部を溶接して製管する。溶接鋼管には、その溶接接合方式により電気抵抗溶接鋼管（ERW鋼管）、サーブマージアーク（SAW）鋼管、鍛接鋼管等がある。建築設備用途には、一般に溶接鋼管が用いられる。

2. 鋼管の規格

建築設備配管として使用されるJIS規格鋼管の主なものを第1表に示す。配管用炭素鋼鋼管と圧力配管用炭素鋼鋼管は、黒管と白管（亜鉛めっき鋼管）の2種類がある。水配管用亜鉛めっき鋼管の亜鉛付着量は平均600mg/m²以上と規定されており、白管の約2倍の付着量を有することから、白管をシングルめっき、水配管用亜鉛めっき鋼管をダブルめっきと呼ぶことがある。

亜鉛は、鉄よりも酸化しやすい金属であるが、亜鉛めっき表面に生成する腐食生成物の保護作用で鉄よりも腐食速度が遅く、鉄素地が露出しても犠牲防食作用により、鉄を防食することができる。ただし、酸やアルカリには弱く、また60℃以上の高温水環境では、非常に腐食が激しくなるだけでなく、極性逆転により犠牲防食作用を失うことがあるから、使用環境には注意を要す。また、水道に使用した場合、亜鉛イオンが溶出して水質基準を満足できないため上水道用途には使用できない。

消火配管は、通常、内面水は滞留していて、年1度あるかないかの放水訓練以外は、流動することが無い。鉄が腐食するには、水と酸素が必要だが、消火配管の場合、内面水の溶存酸素が消費されると、腐食反応はほとんど停止する。水が流動する場合は、新たに溶存酸素を含んだ水が供給されることになるため、腐食が進行するので注意を要する。

配管用途において、高い防食性を要求される場合は、ライニング鋼管を使用することが好ましい。埋設用途においては、外面亜鉛めっき鋼管は不適であり、外面樹脂被覆鋼管を使用する。

3. ライニング鋼管の規格

建築設備配管に使用される主なライニング鋼管を第2表に示す。上水道用途には、水道用ポリエチレン粉体ライニング鋼管や、水道用硬質塩化ビニルライニング鋼管が使用され、環境により外面防食が選択される。上水道用途でのライニング鋼管の接続には、管端防食管継手を使用する。管端防食管継手を使用しない場合、継手部から腐食が進行し赤水の原因となる。

給湯には水道用耐熱性硬質塩化ビニルライニング鋼管、排水用には、排水用硬質塩化ビニルライニング鋼管や排水用ノンタールエポキシ塗装鋼管が使用される。

ライニング鋼管の中で、水道用ポリエチレン粉体ライニング鋼管だけが、転造ねじ加工が可能である。他のライニング鋼管については、ねじ加工する場合は切削ねじ加工となる。

第1表 建築設備配管に使用される主な鋼管

規格	名称	記号	備考
JIS G 3442	水配管用亜鉛めっき鋼管	SGPW	亜鉛めっき付着量 平均600g/m²以上
JIS G 3452	配管用炭素鋼鋼管	SGP	黒管、白管（亜鉛めっき）
JIS G 3454	圧力配管用炭素鋼鋼管	STPG	黒管、白管（亜鉛めっき）

第2表 建築設備配管に使用される主なライニング鋼管

規格	名称	記号	備考
JWWA K132	水道用ポリエチレン粉体ライニング鋼管	SGP-PA	外面：一次防錆塗装（屋内用）
		SGP-PB	外面亜鉛めっき（屋内・屋外用）
		SGP-PD	外面ポリエチレン被覆（埋設用）
JWWA K116	水道用硬質塩化ビニルライニング鋼管	SGP-VA	外面：一次防錆塗装（屋内用）
		SGP-VB	外面亜鉛めっき（屋内・屋外用）
		SGP-VD	外面硬質塩化ビニル被覆（埋設用）
JWWA K140	水道用耐熱性硬質塩化ビニルライニング鋼管	SGP-HVA	給湯用
WSP 041	消火用硬質塩化ビニル外面被覆鋼管	SGP-VS	埋設用
WSP 042	排水用硬質塩化ビニルライニング鋼管	D-VA	外面：一次防錆塗装
WSP 032	排水用ノンタールエポキシ塗装鋼管	SGP-NTA	外面：一次防錆塗装

JWWA：(公社)日本水道協会、WSP：日本水道鋼管協会

【筆者紹介】

岸川浩史
　転造ねじ普及研究会
　新日鐵住金㈱　鋼管事業部　鋼管技術部　鋼管技術室
　主幹

管継手について

1. 管継手とは

流体の方向転換、分岐、集合や計器、バルブの取り付けなどの目的で、管の接続に用いる継手のことを言う。読み方には、"くだつぎて""かんつぎて"の2種類があるが、継手業界では"くだつぎて"と読むことが多い。

いくつかの接続方式があり、使用用途に合ったものを選択することで、安定した品質の配管施工を行うことができる。JIS B 0151「鉄鋼製管継手用語」には、11種類の接続方式が提起されており、大きく固定式管継手と可動式管継手に分けられる。ねじ込み式管継手は、管用ねじで接続する固定式管継手に区分される。

2. ねじ込み式管継手について

2−1 ねじ込み式管継手とは

ねじ込み式とは、管用ねじで接続する接合方式で、継手の呼びは1/8B（6A）〜6B（150A）まである。

このねじ込み式継手には、ねじ加工を行った管を接合するが、空気調和・衛生工学会の耐震設計指針では、切削ねじの継手効率[注]が60%に対して、転造ねじは100%となっており、耐振性を要求される配管分野では転造ねじ加工した管との使用が期待される。

ねじ込み式管継手のねじは、JIS B 0203に規定される管用テーパねじとなっており、ねじ奥に行くほど内径が小さくなるテーパ形状であることから、気密性を有する構造となっている。ねじ込み量が足りない場合や過剰にねじ込んだ場合には、漏れ、かじりなどの不具合が発生するので注意が必要である。

2−2 ねじ込み式可鍛鋳鉄製管継手（JIS B 2301）

1842年にアメリカで可鍛鋳鉄製の継手が誕生してから70年後の1912年に、日本で可鍛鋳鉄製の継手の製造が開始された。1927年には、国産品の輸出が開始され、一時は世界90ヶ国に輸出されていた。

消火配管には、ねじ込み式可鍛鋳鉄製管継手が良く使用される。主に配管用炭素鋼鋼管（SGP）との接合に使

注）継手効率：ねじ込み継手接合部の強度÷鋼管の強度

写真1　シール付きねじ込み式継手（FCMB製）

われる継手で、鋳物であることから多種多様な形状や寸法を比較的容易に製造できる。形状による種類には、エルボ、ティー、ソケット、ニップルなどがあり、品種が豊富で約600アイテムある。

継手の素材は、材料特性や被切削性が良いことから黒心可鍛鋳鉄（FCMB27-05）という材料からできており、表面状態による種類は、鋳放し（黒品）、亜鉛めっき（白品）、コーティング、外面被覆の4種類がある。ねじ加工された可鍛鋳鉄製管継手に関する規格として、JIS B 2301「ねじ込み式可鍛鋳鉄製管継手」が1950年に制定された。

2−3 シール付き継手

地震時に発生する消火配管の損傷は、火災などの被害を拡大させる。近年、地震等による消火配管の損傷を防止するため、耐振性能を備えた転造ねじによる配管の普及が促進されている。しかし、転造ねじ加工したねじは、切削ねじ加工したものより締め付けトルクが高く、作業者が大きくなる傾向がある。この問題点の対策として、潤滑性の高いフッ素系のシール材を継手めねじ部に予め塗布したシール付き継手が継手メーカーから発売されている。

【筆者紹介】

大橋一善
　転造ねじ普及研究会
　㈱リケンCKJV　技術部門　取締役　技術・開発部部長

以下は本文中に掲載されなかった筆者の紹介です

竹岡克司
　転造ねじ普及研究会
　レッキス工業㈱　商品開発部

（原稿掲載は31頁）

コラム⑥ 転造ねじ専用シール剤の基本

ねじ接合における液状シール剤の役割は、鋼管と継手のはめ合ったねじ隙間にシール剤を充てんされることで、内部流体を外に漏らさないことである。その点においては、転造ねじのシールも、切削ねじのシールと基本的には同じである（第1図）。そのため、一般に切削ねじで使用される液状シール剤を転造ねじの接合に使用した場合、締め付ける時のトルクが増加する傾向にあり、切削ねじを締め付ける感覚で施工を行うと締め付けが不足したり、場合によってはかじりつきを起こしたり、漏水の原因となることがある。

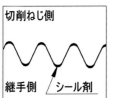 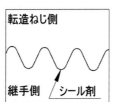

第1図　シール剤の充てん量の違い

そこで、転造ねじの接合に使用する液状シール剤は、締め付け時のトルクを軽減するため、潤滑性のある材料を配合してある。ただし、多く配合し過ぎても、問題があるので、適切な量の配合となっている。

転造ねじ専用の液状シール剤は、切削ねじと同じ感覚で施工できるように考慮されて製造されている。参考として50Aの転造ねじの接合において、転造ねじ専用シール剤と一般用シール剤の締め付けトルクを第1表に示す。また、転造ねじ専用の液状シール剤を切削ねじの接合に使用した場合、逆に締め付け過ぎて漏水につながる事があるので、使用しないのがよい。

一般用シール剤の原材料の中には、かじり付きやすい性質を持つ充てん剤が使用されている製品もあるので、十分注意する必要がある。

転造ねじ専用シール剤の用途は、冷温水、冷却水、消火（水）、排水、給水の配管である。

第1表　転造ねじ専用シール剤と一般用シール剤の締め付けトルク（参考）

	手締め山数（山）	締め付けトルク [N·m]	
		手締め位置より1.5山締め込み	手締め位置より2.0山締め込み
転造ねじ専用シール剤	5.37	153	242
一般用シール剤	5.92	235	360

※鋼管口径：50A　　N数10の平均値

【筆者紹介】
北田寿美
　転造ねじ普及研究会
　日本ヘルメチックス㈱　技術部　部長

蓄熱技術の歴史・現在・未来

省エネルギー社会のインフラとして必要不可欠な蓄熱システムの発展の経緯、主要各社の蓄熱技術、導入事例等を紹介。

■主な内容
●日本の蓄熱技術
●温度成層型水蓄熱システム
●氷蓄熱システム
●躯体蓄熱空調システム　他

日本工業出版㈱　0120-974-250
http://www.nikko-pb.co.jp/　netsale@nikko-pb.co.jp

■「建築設備と配管工事」
　2012年8月増刊号
■体裁：B5判　100頁
■定価：2,000円

ねじ締込みの基本

コラム⑦

今回は、継手と管をねじ接合する場合のねじ締込みの基本についてである。ここで、ねじは管用テーパねじを指す。

平成25年度版の公共建築工事標準仕様書には、「ねじ接合を行う」と書かれており、ねじ締込みの具体的な記載はない。同年の機械設備工事監理指針には、標準的なねじ接合の目安が示されており、「手締めを行った後、表の締込み長さW分だけレンチで締めるのが原則である。」と記載されている。この原則について呼び径25Aの管・継手の場合で以下に説明する。

第1図は、左側が継手のめねじ、右側が管のおねじとした例である。基準通りの理想的なねじ同士であれば、管を手ですんなりと継手にねじ込め、常にaの位置で管が止まることになる。この位置が基準径の位置である。

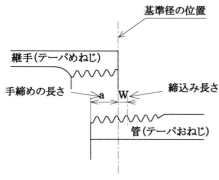

第1図　基準径の位置と手締めの長さ

第1図に示すように、継手の基準径の位置は継手端部であり、管の基準径の位置は管端からaの位置である。このa寸法は手締めで管を継手にねじ込む量であり「手締めの長さ」となる。また、この位置が「手締めの位置」である。

第1表のように、25Aのa寸法はJIS B 0203（管用テーパねじ）からa＝10.39mmである。25Aのねじピッチはp＝2.3091であるので手締めでねじ込む山数はa/p＝10.39/2.3091≒4.5山となる。この位置からW（山数で1.5山、締込み長さとしては1.5×2.3091≒3.5mm）の締込み長さでねじ込むのが基本である。

手締め後の締込み長さはJISで決められているわけではない。1.5山としているのは、1905年制定のイギリスの管用ねじ規格BS21によるものである。この規格には各サイズの締込み基準が定められており、25Aは1.5山となっ

第1表　手締めの長さと手締め後の締込み長さ

呼び径	手締めの長さ a （手締め山数）	手締め後の締込み長さ W （締込み山数）
25A	10.39mm （4.5山）	3.5mm （1.5山）

ている。これが今日まで運用され実用上も認められてきたと考えられる。

ただ、実際の施工では、管（おねじ）と継手（めねじ）両方のねじにはJISで規定された許容差があるため、「手締め長さ」は目安となる。

監理指針も目安と記載している。監理指針でのポイントは「手締め後に締込み長さWで締める」ということであるので、「手締め長さ」を目安として手で締め込み、止まったところを「手締めの位置」とするのが通常である。この「手締めの位置」の判断には多少の経験が必要で、この位置がずれてしまうとそこからW締め込んでも理想的なWからずれてしまう。継手メーカーのカタログには、切削ねじを前提に標準締め付けトルクを記載している場合がある。トルクを規定することで人為的な差を均一化する目的があるのだが、トルクレンチを使用している場合が少ないのが実状である。そこでレンチの呼び寸法と加える力を記載している場合がある。

転造ねじは切削ねじに比べ、同じ手締め後の山数で締め込むとトルクは大きくなる。トルクを下げるには、ねじ接触面の摩擦係数を下げる必要がある。このためには、転造ねじ専用のシール剤を使用する方法やフッ素系のシール材をあらかじめ塗付した継手が販売されている。

【筆者紹介】

中田　積
転造ねじ普及研究会
日立金属㈱　桑名工場　技術部

コラム⑧ ねじのかじりについて

このシリーズで紹介している通り、ねじ接合の歴史は古く、また接合方法としての信頼性は非常に高い。ただし、施工には知識や熟練も必要で、正しい施工手順を逸脱すれば不具合が発生する。今回は施工に関する不具合のなかでも、あまり知られていないねじかじりについて説明する。

かじりとは、ねじ込み時に鋼管とねじ込み継手の接合面の隙間にシール剤などの潤滑剤が廻り切らずに、金属面が直接接触し、熱を発生させ、金属が結合してしまうことで起きる不具合のことをいう（写真1）。

写真2

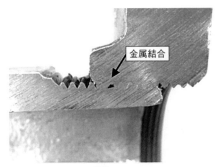

写真1

かじりはステンレス管の接続に多く見られるが、鋼管接続でも発生する。

かじりが一旦起きると、急にトルクが上昇し締め込むことができなくなる場合や無理に締め込んでねじ山が削れ（急にトルクが低下）その後漏れの原因となる場合がある。

締め込むことができなくなった場合にはねじを戻すことになるが、結合した部分でねじ山を削り取ることになるため、非常に高い戻しトルクが必要となり、戻しが完了した時点ではねじ山がかじり取られた状態になると共に鉄粉が発生する（写真2）。

一方、かじりの発生後そのままねじ込んだ場合には、外観上は鋼管とねじ込み継手は問題なく接合されているように見えるが、通水すると漏れが発生するおそれが高くなる。この段階では、配管作業は進んでいるため、手直しには非常に手間が掛かり、労力と費用を無駄にすることになる。このため、配管作業者にねじかじりという不具合を理解して貰うことが重要で、施工時にトルクが急変するなどの異常な手応えを感じた時には、その場ですぐに確認することが被害の拡大を防ぐことになる。

ねじかじりの主な発生原因は次の通りである。

- シール剤の量が不足または不均一に塗布された時
- テープシールの巻き方が不適切あるいは厚く巻き過ぎた時
- ねじ込み速度が極端に速すぎる時
- トルクの強弱が激しい時あるいは強くねじ込み過ぎた時
- 締め込みと戻しを繰り返し行った時
- めねじに対し斜めにおねじをねじ込んだ時
- ねじ欠け、打痕などねじ形状が問題な時

これらの条件が組み合わされた時に、すべての箇所とは限らないが、ねじかじりは起き易くなる。特に、液状シール剤とテープシールを併用した時に、テープシールの巻き方（ねじへの馴染ませなど）が不十分であると、テープシールは捲れ上がり、一緒に液状シール剤も押し出されてしまい、金属面が露出し、ねじかじりの原因となることが多い。液状シール剤とテープシールの併用は、シール効果を上げると思われがちであるが、不具合を誘発しかねない。空気調和・衛生工学会規格（SHASE-S 013-2008）では併用を禁止している。

転造ねじは転造ローラーでねじ加工を行うために、ねじ精度は非常に高く、接合面は均一に仕上がる。反面、締め付けトルクは切削ねじと比べて高くなり、正しい施工が行われないと、ねじかじりが発生し易くなる。このため、潤滑性の高い転造ねじ専用シール剤を使用し、締め付けトルクを下げることが必要である。あるいは、シール材が均一に塗布されているフッ素系シール材付き継手を使用すれば、不具合の発生は防止できる。

【筆者紹介】
木村　功
転造ねじ普及研究会
㈱リケン　配管機器事業部　部長

コラム⑨ 残りねじ山管理の問題

ねじ込み継手の施工において、締め付け後にその施工が正しく行われたかを確認することは困難である。施工後に外観で変化するところは「残りねじ山」だけである。しかし、この「残りねじ山」だけで管理した場合には、ねじの許容差によるばらつきにより漏れが発生する可能性がある。

第1図は、ねじ接合完了の寸法関係である。JIS B 0203「管用テーパねじ」で規定されているのは、おねじ基準の長さaと許容差b、c及びf（最小）であり、ねじ込み量Wの規定はない。おねじのねじ全長をLmとし、手締め後のねじ込み量をWとすると、残りねじ山Mは、$M = Lm - (a+W)$ である。

第2図にJISで規定されている許容差b、cが残りねじ山Mにどれだけ影響するかをサイズ25Aで示す。サイズ25Aで、JISの数値を山数に換算するとb = ±1山、c = ±1.25山となる。図の中段が基準であり、上段はMが最小、下段はMが最大となる場合である。

基準の$M_0 = 4$山は、平成25年度版の機械設備工事監理指針の図2.5.3「標準的なねじ加工寸法」（P218）から、$Lm ≒ 10$山であり、同表2.5.1「標準的ねじ接合の目安」から手締め長さは4.5山（= a）、W = 1.5山と記載されているため、$M_0 = Lm - (a + W) = 4$山とした。このように4山となるには、JIS B 0203で規定されている許容差b、cにおいて、管をb = 0でねじ加工し、c = 0の継手にねじ込むことが前提である。

これに対し、Mが最小となるときは、めねじ（継手）が大きいねじでおねじ（管）が小さいねじの場合であり、許容差の最大値はb + c = 2.25山であるから$M_1 = 4 - 2.25 = 1.75$山がM最小である。Mが最大となるときは、めねじ（継手）が小さいねじでおねじ（管）が大きいねじの場合であり、$M_2 = 4 + 2.25 = 6.25$山がM最大である。許容差bとcがJISの規格範囲内であってもMは1.75山から6.25山の範囲でばらつき、その幅は4.5山である。

このように4.5山のばらつきがあるため管理することは困難である。単に4山残るように施工を管理した場合には、結果としてねじ込み量を調整することになり、ねじが締め付けられず漏れが発生するおそれやねじ込みすぎによるかじり発生で漏れるおそれがある。

接続のねじをすべて測定して、残りねじ山を計算しその値と施工後の残りねじ山数を比較して管理する方法であれば、「残りねじ山による管理」は可能であるが、現場施工では現実的でないことは明らかである。

残りねじ山Mは正しい施工の結果としての目安であり、Mだけでの管理は難しい。ねじ込みの基本は、正しいねじが加工されていることを確認し、手締め後の位置からねじ込み量Wでねじ込むことである。

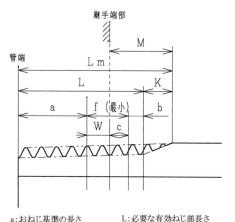

a：おねじ基準の長さ
b：おねじ軸線方向の許容差
c：めねじ軸線方向の許容差
f：有効ねじ部の長さ（最小）
W：手締め後のねじ込み量
L：必要な有効ねじ部長さ
K：切り上がりねじ部
Lm：おねじのねじ全長
M：残りねじ山

第1図　ねじ接合完了の寸法関係

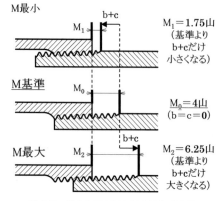

第2図　残りねじ山Mの最大最小（25A）

【筆者紹介】
中田　積
転造ねじ普及研究会
日立金属㈱　桑名工場　技術部

明日の技術に貢献する日工の技術雑誌

- ◆ 配管技術 …………………………………… プラントエンジニアのための専門誌
- ◆ ターボ機械（ターボ機械協会誌）…ポンプ・送風機・圧縮機・タービン・回転機械等の専門誌
- ◆ 油空圧技術 ………………………………………… 流体応用工学の専門誌
- ◆ 建設機械 ……………………………………… 建設機械と機械施工の専門誌
- ◆ 計測技術 …………………………………… やさしい計測システムの専門誌
- ◆ 建築設備と配管工事 ……………………………… 建築設備の設計・施工専門誌
- ◆ 月刊自動認識 ……………………………… ユビキタス時代のAUTO-IDマガジン
- ◆ 超音波テクノ ………………………………………… 超音波の総合技術誌
- ◆ 住まいとでんき ……………………………… アメニティライフを実現する
- ◆ 画像ラボ ……………………………………… やさしい画像処理技術の情報誌
- ◆ 光アライアンス …………………… 光技術の融合と活用のための情報ガイドブック
- ◆ クリーンテクノロジー …… クリーン環境と洗浄化技術の研究・設計から維持管理まで
- ◆ クリーンエネルギー ……………… 環境と産業・経済の共生を追求するテクノロジー
- ◆ 検査技術 ………………………… 試験・検査・評価・診断・寿命予測の専門誌
- ◆ 環境浄化技術 ……………………………… 無害化技術を推進する専門誌
- ◆ 福祉介護テクノプラス ………………… つくる・えらぶ・つかうひとのため情報誌
- ◆ プラスチックス ……………………… プラスチック産業の実務に役立つ技術情報誌
- ◆ 機械と工具 ……………………………………… 生産加工技術を支える
- ◆ 流通ネットワーキング …………… メーカー・卸・小売を結ぶ流通情報総合誌

○年間購読予約受付中　03（3944）8001（販売直通）

● 本書の複製権・上映権・譲渡権・翻訳権・公衆送信権（送信可能化権を含む）は日本工業出版株式会社が保有します。
　JCOPY <(社)出版者著作権管理機構 委託出版物>
本誌の無断複写は著作権法上での例外を除き禁じられています。複写される場合は、そのつど事前に、(社)出版者著作権管理機構（電話03-3513-6969、FAX 03-3513-6979、e-mail : info@jcopy.or.jp）の許諾を得てください。

乱丁、落丁本は、ご面倒ですが小社までご送付ください。送料小社負担にてお取替えいたします。

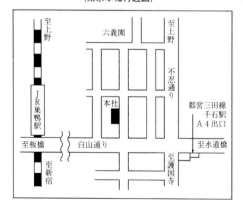
〈東京本社付近図〉

よく解る配管用転造ねじ・地震に強い接合

発　行　日	平成27年5月5日
編　　　集	「建築設備と配管工事」編集委員会
発　行　人	小林大作
発　行　所	日本工業出版㈱
本　　　社	〒113-8610 東京都文京区本駒込6-3-26
	TEL 03（3944）1181（代）FAX 03（3944）6826
	http://www.nikko-pb.co.jp/
	e-mail : info@nikko-pb.co.jp
大阪営業所	TEL 06（6202）8218　FAX 06（6202）8287
販売専用	TEL 03（3944）8001　FAX 03（3944）0389
振　　替	00110-6-14874

ISBN978-4-8190-2708-3　C3452　￥1000E　　定価：本体1000円＋税

ねじ込み式管継手
ZD継手シリーズ

コマ印管継手

ねじ込み式可鍛鋳鉄製管継手　　**20K継手**　　**消火用透明外面被覆継手 10K・20K**

ZDの特徴

シール剤の塗布やシールテープの巻きつけが不要で配管工数を削減
安定したシール性能を発揮
長期間保管の際、ねじ部の錆発生を抑制

配管コールセンター
配管のお問い合せ先は下記へおねがいします。

RIKEN 株式会社リケン　**0120-212-016**

携帯・自動車電話、PHSからは ……… (0766)25-0421